FilmBildu

Bremer Schriften zur Filmvermittlung, Band 4
Herausgegeben von Winfried Pauleit

 Universität Bremen

Lena Eckert / Silke Martin (Hg.)

FilmBildung

SCHÜREN

Bibliografische Information der Deutschen Nationalbibliothek
Die Deutsche Nationalbibliothek verzeichnet diese Publikation in der Deutschen Nationalbibliografie; detaillierte bibliografische Daten sind im Internet über http://dnb.d-nb.de abrufbar.

Schüren Verlag GmbH
Universitätsstr. 55 · D-35037 Marburg
www.schueren-verlag.de
© Schüren 2014
Alle Rechte vorbehalten
Gestaltung: Nadine Schrey
Umschlaggestaltung: Georg Bosch
Druck: Digitaldruck Leibi, Neu-Ulm
Printed in Germany
ISBN 978–3-89472-873-1

Inhalt

Winfried Pauleit
Vorwort 7

Lena Eckert/Silke Martin
FilmBildung – Ein Versuch zur Vermittlung der Vermittlung 9

Bettina Henzler
Montage als Geste der Vermittlung 19

Volker Pantenburg, Stefanie Schlüter
Zehn Anmerkungen zur Filmbildung 46

Wenke Wegner
Die Vermittlung der Vermittlung der Vermittlung
Berliner Schule. Wenn Filme (Film) vermitteln 50

Manuel Zahn
Performative Bildungen des Films und seiner Betrachter_innen
Filmbildungstheoretische Überlegungen für eine Praxis
ästhetischer Filmvermittlung 59

*Constanze Balugdzic/Anna-Helen Brendler/Anne Heimerl/
Judith Klein/Janna Lihl/Lisa Meier/Jane Sichting/Katharina Spiel*
Filme bilden
Zu aktuellen Konzepten der Filmvermittlung und dem Potenzial
ihrer praktischen Umsetzung 72

Die Autorinnen und Autoren 84

Winfried Pauleit

Vorwort

Filmvermittlung als Theorie und Praxis hat eine Geschichte. Als einen zeitgenössischen Markstein dieser Geschichte mag man den französischen Ansatz «Kino als Kunst» von Alain Bergala (2006) begreifen. Diese Geschichte lässt sich zurückverfolgen zu Friedrich Schiller (2000). Das Schiller'sche Projekt selbst reagiert auf die Geschichte seiner Zeit, die Gewalterfahrung während der Französischen Revolution. Schiller fasst das freie Spiel in der ästhetischen Erfahrung als Grundlage für eine mögliche, auf Freiheit beruhende Geschichte des Menschen. Auch Bergala bezieht sich mit seinem Ansatz zur ästhetischen Filmvermittlung an der Schule auf eine historisch gesellschaftliche Situation: Er unterscheidet bei den Schülern in Frankreich zwischen den «Erben» von Kultur im Sinne Bourdieus und den kulturell Mittellosen (Bergala 2006, 31 u. 134). Sein Ansatz zur ästhetischen Bildung hält als Reaktion darauf an einem Projekt der Kunst und Kultur für alle fest, das von der Schule getragen werden soll. Ziel dieses Vorhabens ist eine individuelle Geschmacksbildung der Schüler, die der Ästhetischen Erziehung von Schiller verwandt ist. Der Horizont einer ästhetischen Filmvermittlung gestaltet sich damit nicht als Veredelung oder Begründung des Menschen durch *gute* Filme, sondern er liegt im Erfahrungsraum, den das ästhetische Spiel selbst erst eröffnet. Es ist ein Raum, in dem die Zuschauer_innen ihrer möglichen und unmöglichen Geschichte und Freiheit ansichtig werden. Hier knüpft dieses Buch an.

Filmvermittlung hat damit nicht allein die Filmwerke vor Augen, wie die Filmwissenschaft, und auch nicht allein die jungen Menschen, die die Bildungstheorie ins Auge fasst. Sie zielt vielmehr auf eine spezifische Interaktion: die Filmerfahrung, die sich zwischen Kunst und Ästhetik auf der einen Seite und Mensch und Gesellschaft auf der anderen ereignet. Damit wird weniger ein objektiver Gegenstand fokussiert, den es zu erforschen oder zu vermitteln gilt, als eine Situation ins Zentrum der Aufmerksamkeit gerückt. Will man Film und Mensch gleichermaßen gerecht werden, ergibt sich eine spezifische Anordnung, die den Lehrenden und Forschenden gleichsam seitlich positioniert bzw. die Perspektive auf einen Zwischenraum lenkt. Ausgehend von diesem Zwischenraum, lässt sich Filmvermittlung als ein geradezu klassisches Schwellengebiet beschreiben, für dessen praktische Ausübung vor allem Erfahrungen mit Übergängen eine Voraussetzung bilden. Das ist gleichsam das Ziel dieses Buches, welches sich die Vermittlung von Ver-

Winfried Pauleit

mittlung zur Aufgabe gemacht hat und ein Lehrbuch für FilmBildung sein möchte, das unterschiedliche Ansätze der Filmvermittlung im Übergang von Theorie in die Praxis anschaulich und anwendungsbezogen präsentiert.

Literatur

Bergala, Alain (2006) *Kino als Kunst*, Schüren: Marburg.

Schiller, Friedrich (2000) *Über die ästhetische Erziehung des Menschen*, Reclam: Stuttgart.

Lena Eckert/Silke Martin

FilmBildung – Ein Versuch zur Vermittlung der Vermittlung

Die Beiträge dieses Bandes haben eine gemeinsame Idee: Sie stellen die Frage, wie Filmvermittlung an Studierende, Lehrer_innen, Erzieher_innen und andere Personen vermittelt werden kann. Wie versetzt man Personen ohne Vorkenntnisse bzw. aus unterschiedlichen Berufsfeldern in die Lage, Kindern Film zu vermitteln? Kindern zu zeigen, was das Besondere an der Filmwahrnehmung ist, wie Filme funktionieren, wie Filme gemacht werden und wie Filme die Sicht auf die Welt verändern?

Dieser Band, den wir als Lehrbuch für FilmBildung verstehen, ist aus einem Master-Studienmodul, das wir gemeinsam an der Bauhaus-Universität Weimar im Sommersemester 2013 gehalten haben, entstanden.[1] Im Rahmen dieses Studienmoduls fand ein Workshop mit den Autor_innen des Bandes statt. Die hier versammelten Beiträge sind erweiterte Versionen der Vorträge, die sie bei diesem Workshop gehalten haben. Das Studienmodul bestand aus mehreren Theorie- und Praxisteilen, die wir im Folgenden genauer beschreiben und die unserem Anspruch der *Vermittlung der Vermittlung* gerecht werden sollten. In erster Linie wollten wir Studierende anleiten, selbst anleiten zu lernen. Die Studierenden unseres Moduls sollten im Seminar und durch das Seminar erfahren, wie FilmBildung für Kinder ermöglicht werden kann. Insofern ging es uns darum, zuerst selbst zu erproben, was dann mit Kindern in der Schule umgesetzt werden soll.

Im Studienmodul wurden Texte von Humboldt (1793), Adorno (1995), Horkheimer (1985) und Butler (2012) sowie neuere bildungsphilosophische Positionen (Ricken 2012, Pazzini, Schuller und Wimmer 2010, Wimmer 2010) erarbeitet. Unter anderem haben wir Theorien zur (Ent-)Subjektivierung, Selbst- und Fremdbestimmung, Alterität und In-der-Welt-Sein diskutiert. Fragen zur Wechselwirkung zwischen Mensch und Welt, ästhetischer Erfahrung, medialer Verfasstheit

---

[1] Die Titel der zwei darin enthaltenen Seminare sind «Perspektiven der Filmvermittlung» – im Sinne der Vermittlung der Vermittlung – und «Wer Bildung will darf Bildung nicht wollen – Bildungstheorien». Das Studienmodul ist Teil des Curriculums des Master-Studiengangs Kulturwissenschaftliche Medienforschung an der Fakultät Medien der Bauhaus-Universität Weimar. Es umfasste 4 Semesterwochenstunden und wurde von 10 Studierenden besucht.

und Aneignung von Kultur in Bildungsprozessen standen dabei im Mittelpunkt. Zudem haben wir den Blick auf Bildungstheorien insofern ausgeweitet, als dass theoretische Rahmungen und praktische Vorgehensweise der Filmvermittlung thematisiert wurden. Nach einem Überblick über die wesentlichen Theorien und Verfahren, der Orte filmischen Wissens (Kino, Festival, Internet etc.) sowie einer Einführung in die zentralen Aspekte der Filmproduktion wurden eigenständige Konzepte der Filmvermittlung erarbeitet und mit Schüler_innen einer Grundschule zur Anwendung gebracht. Im Rahmen des Moduls wurden Gastvorträge von Bildungstheoretiker_innen, Filmvermittler_innen und Regisseur_innen sowie der Besuch des Erfurter Kinderfilmfestivals «Goldener Spatz» durchgeführt. Zum Workshop, der von und für Studierende veranstaltet wurde, waren jene Wissenschaftler_innen eingeladen, die in diesem Band vertreten sind. Die Beiträge kreisten allesamt um das Thema Filmvermittlung im Kontext von Bildungstheorien und Philosophie. Gemeinsam ist allen Beitragenden, dass sie sowohl wissenschaftlich als auch als Filmvermittler_innen tätig sind.

Personelle Voraussetzungen der Lehrenden, Studierenden und Wissenschaftler_innen

Die Expertisen der Lehrenden des Moduls und Herausgeber_innen dieses Bandes liegen auf sehr unterschiedlichen Gebieten, die sich jedoch im interdisziplinären Feld der Filmvermittlung wiederfinden. Silke Martin ist Medienwissenschaftlerin mit Schwerpunkt Filmästhetik, Lena Eckert ist Gender- und Literaturwissenschaftlerin. In den letzten Jahren haben wir unsere Interessen in unterschiedlichen Projekten miteinander verschränkt. So sind gemeinsame Publikationen und Vorträge, etwa zur Queer Theory, medialen Landschaftsästhetik oder zur Alter(n)sforschung in Verknüpfung mit Filmwissenschaften entstanden. Unsere derzeitigen Forschungsinteressen, die uns mit dem Thema des Bandes verbinden, liegen einerseits in den Bildungstheorien und andererseits in der internationalen Filmvermittlungstheorie.

In unserer eigenen Schulbildung kamen Filme nicht vor; höchstens als Anschauungsmaterial oder als Unterhaltungsmodalität wurden Filme in den (west-)deutschen Schulunterricht der 1980er- und 1990er-Jahre integriert. Filme als Artefakte oder als eigenständige Einheiten gab es im damaligen Curriculum nicht – zumindest nicht in Bayern und Baden-Württemberg. Dies beginnt sich langsam zu verändern: Wir hören von jungen Studierenden aus verschiedenen Bundesländern, die Filmanalysen in der Schule durchführen – Filme werden auch zunehmend als eigenes Medium in den Blick gerückt.

Die Studierenden, die am Modul teilnahmen, hatten zum Teil sehr unterschiedliche Bachelor-Studiengänge absolviert; darunter Kommunikationswissenschaften,

Mediengestaltung, Kommunikationsdesign, Informatik, Medienkultur und Literaturwissenschaften. Die Studierenden waren überwiegend medienwissenschaftlich vorgebildet, manche hatten bereits in anderen Kontexten mit Kindern gearbeitet (zum Beispiel beim Kinderkanal von ARD und ZDF). Allesamt Studierende der höheren Semester kamen sie zum Teil bereits mit einer genauen Vorstellung davon in die Veranstaltung, was Filmvermittlung sein könnte. Einige planten zudem eine praktische Umsetzung des Gelernten in ihrem zukünftigen Berufsleben. Jedoch hatten wir das Gefühl, dass eine praktische Anwendung eines an der Bauhaus-Universität Weimar fast ausschließlich theoretisch gehaltenen Master-Studiums oft zu kurz kommt und die Studierenden zwar theoretisch gut ausgebildet werden, jedoch in der Kluft von Theorie und Praxis häufig den Mut verlieren, eigene Konzepte zu entwickeln und umzusetzen.

Und hier sollte unser Modul, das auch in diesem Band den roten Faden bildet, die Brücke schlagen. Wir haben uns auf existierende Ansätze der Filmvermittlung aus dem europäischen Umland fokussiert und diese eingehend im Modul behandelt. In Frankreich (Bourgeois 2010) und Spanien (Aidelman und Colell 2010) gibt es bereits gut ausformulierte und getestete Konzepte, die wir im Seminar rezipierten und evaluierten. Im Weiteren haben wir unsere Studierenden mit den deutschen Konzepten von Winfried Pauleit (2010), Bettina Henzler (2010), Volker Pantenburg und Stefanie Schlüter (2011), Wenke Wegner (2010) und Manuel Zahn (1010) bekannt gemacht. So sind die Ansätze dieser federführenden Filmtheoretiker_innen und Filmvermittler_innen für unsere Studierenden zu einem wichtigen und zentralen Aspekt in der theoretischen Auseinandersetzung, aber auch in der praktischen Umsetzung geworden. Der Gegenstand des Experimentalfilms in Pantenburgs und Schlüters Ansatz, die derridaschen Spuren von Zahn, Henzlers Parallele zur Kunstvermittlung oder die Filmvermittlung des Films von Wegner haben unsere Studierenden unterschiedlich inspiriert und zu praktisch umgesetzten Konzepten geführt.

Filmvermittlungsworkshop an der Barfüßer Schule in Erfurt

Einen ersten praktischen Versuch in diese Richtung haben wir in unserem Studienmodul unternommen: Nach einer intensiven Lektüre der Texte und Theorien und einer Einführung in die Filmanalyse sowie die Filmproduktion konzipierten unsere Studierenden eigenständig einen eintägigen Workshop, der im Juli 2013 an der Barfüßer Schule in Erfurt für zehn Kinder der 1. und 2. Jahrgangsstufe, der sogenannten Schuleingangsphase, realisiert wurde. Der Vormittag war der spielerischen Einführung in die Filmmontage gewidmet – mit Filmstandbildern, anhand derer die Kinder Geschichten entwickelt haben, die sie anschließend vor der Kamera erzählten; der Nachmittag war für die Produktion eines Kurzfilms reserviert.

Die Ergebnisse waren überraschend und für die Studierenden und Kinder mehr als zufriedenstellend: Drei kleine Filme sind entstanden, die die Kinder eigenständig entwickelt und vor und hinter der Kamera realisiert haben.[2]

Den Workshop konnten wir über eine erste Begegnung im Rahmen einer Filmsichtung mit den Kindern in der Schule vorbereiten, die etwa vier Wochen vor dem Workshop stattfand. So konnten die Studierenden die Kinder kennenlernen und beobachten, wie sie beim Filmschauen reagieren. Die Kinder wiederum hatten ebenfalls die Gelegenheit, die Studierenden im Rahmen der Filmvorführung mit anschließendem Gespräch kennenzulernen. Erste Erfahrungen mit der Reaktion der Kinder auf eine Filmvorführung konnten wir außerdem beim Besuch des Kinderfilmfestivals «Goldener Spatz» – neben zahlreichen anderen Festivalbeobachtungen – machen.

Des Weiteren stellten wir uns und unser Konzept der zuständigen Erzieherin Veronika Tuch vor, die eine wichtige Rolle für die Planung des Workshops einnahm. Die Erzieher_innen des Schulhorts (eine gängige Einrichtung in Thüringer Grundschulen) kümmern sich außerhalb des Unterrichts um die Kinder, betreuen Hausaufgaben, gestalten Freizeit-Programme am Nachmittag und in den Ferien, organisieren die Pausen und sind neben den Klassenlehrer_innen die Hauptansprechpartner_innen der Kinder. Die Erzieherin konnte uns wichtige Tipps zur Gestaltung des Workshops, der in der ersten Ferienwoche im Rahmen des Ferienhorts stattfinden sollte, geben. So waren zum Beispiel nach 45 Minuten Arbeit mit und am Film Bewegungspausen sowie ausreichend Zeit für Mahlzeiten einzuplanen. Auch gab sie uns andere wertvolle Hinweise im Umgang mit den Kindern, beispielsweise welche Kinder gut miteinander kooperieren.

Workshop mit Filmwissenschaftler_innen und Filmvermittler_innen

Zur Vorbereitung des Workshops an der Grundschule haben wir vier Wissenschaftler_innen nach Weimar eingeladen, um ihre jeweiligen Ansätze vorzustellen, und sie mit ihnen diskutieren zu können. In der Vorbereitung des Workshops haben die Studierenden einen großen Teil der Organisationsarbeit übernommen und so eine tragende Rolle für das Gelingen eines Forschungsevents gespielt. In Hinblick darauf, dass die Theorien der geladenen Gäste bereits im Seminar behandelt wurden, aber auch ihre praktische Umsetzung in einem weiteren Workshop mit Kindern erfahren werden sollte, wurden den Studierenden auch inhaltliche Aufgaben zugeteilt, wie z.B. die Anmoderation der Gäste.

---

2 Einzusehen sind die Filme unter: http://erfurter-filmworkshop.de

Gespräch mit Filmschaffenden aus dem Kinderfilmbereich

In der weiteren Vorbereitung auf den Workshop in der Grundschule mit den Kindern konnten wir zwei Filmschaffende aus dem Bereich des Kinderfilms gewinnen: die Drehbuchautorin und Produzentin Hanna Reifgerst und den Regisseur und Drehbuchautor Markus Dietrich. In diesem Gespräch wurde unseren Studierenden ein Einblick in die Abläufe einer Filmproduktion und die besondere Situation des Filmdrehens mit Kindern gegeben. Der Film, den uns die beiden Filmschaffenden vorstellten, SPUTNIK (D 2013, Markus Dietrich), feierte als Kino-Langfilm im Oktober 2013 in Magdeburg seine Premiere. In einem kurzen (Vor-)Screening konnten unsere Studierenden die ersten 15 Minuten dieses Films sehen und einen ersten Eindruck gewinnen.

Theoretisch-didaktische Voraussetzung für eine Lehrveranstaltung zur Vermittlung der Vermittlung

Paolo Freire beschreibt das traditionelle und auch in Deutschland noch vorrangige Verständnis von Didaktik und Lehre als die «Bankiers-Methode» (Freire 2007) und kritisiert damit ein Bildungsmodell, das davon ausgeht, dass Fakten und Informationen vermittelt und konsumiert werden müssen. Die Befreiungspädagogik, die Freie darin vorschlägt, basiert auf der Annahme, dass in heterogenen und diversen Lerngruppen unterschiedliche Kompetenzen einfließen. Die Lernenden können sich eigenverantwortlich und mit ihrem Vorwissen einbringen, was bewiesenermaßen den Lernprozess fördert (vgl. dazu auch die neuere deutsche Hochschuldidaktikforschung: Berendt 2000, 2002). Lernen wird hier als sozialer Prozess definiert. bell hooks, eine US-amerikanische Feministin, hat sich mit der Verantwortung, Zeug_innen der Ausübung von Freiheit im Bildungsprozess zu sein, beschäftigt («bearing witness to education as the practice of freedom» (eigene Übersetzung, hooks 1994, 11). hooks fordert, nicht nach dem Wissen aus Büchern, sondern nach dem Wissen, wie man in der Welt leben kann, zu streben («striving not for knowledge in books but knowledge about how to live in the world» (eigene Übersetzung, hooks 1994, 15). Diese Standpunkte unterscheiden sich von traditionellen Ansätzen der Didaktik und sind in Einklang mit den neuen Einsichten der konstruktivistischen und gendersensiblen Didaktik. Nach Gayatri Spivak (1993) ist es notwendig, pädagogische Ansätze zu entwickeln, die die Begehrensstrukturen in den Lehrveranstaltungen neu arrangieren. Insbesondere um Studierende in den Prozess des Lernens zu verwickeln und sie darin zu unterstützen, bekannte Referenzrahmen zu *verlernen*. In Verknüpfung mit dem *affective turn*, der auch in der Genderforschung zu verzeichnen ist, muss davon ausgegangen werden, dass affektiv gelernt wird, d.h., dass auch die Ermöglichung bestimmter Situationen, Atmosphären und Räume den Lernprozess in besonderem Maße fördern (vgl. auch

Watkins 2010).³ Diesem Anspruch wollten wir mit unserem Konzept nachgehen und die Inhalte mit der Methodik verbinden. In diesem Sinne müssen auch die Lehrenden einen dekolonisierenden Ansatz des Lehrens praktizieren (Davis 2010, 139). Pädagogik nach Freire (2007) als eine Praxis der Freiheit zu sehen, heißt insbesondere auch, die Erfahrungen der Studierenden in den Lehrplan einzubinden und die Curricula für eine Integration dieser zu öffnen. Dies haben wir vor allem dadurch versucht, indem wir das Vorwissen der Studierenden über die Arbeit mit Kindern als einen wichtigen Faktor in der Konzeption einbringen ließen und erste eigene Erfahrungen mit Film reaktivierten – alltagsweltlich, in der Schule oder im beruflichen Kontext, etwa bei Praktika oder im Rahmen des vorhergehenden Studiums; darüber hinaus versuchten wir, die theoretischen Auseinandersetzungen mit der Seminarliteratur an den Kontext der praktischen pädagogischen Umsetzung in dem Workshop rückzubinden.

Wichtiger Faktor war hier unter anderem, dass die Studierenden ihre eigene Rolle in der Gruppe reflektierten, sich ihres eigenen Einflusses auf die Gruppendynamik bewusst wurden und uns Lehrende als gleichberechtigt wahrnahmen. Gerade in der freien Gestaltung der einzelnen Sitzungen, aber auch des gesamten Moduls als experimentelle und vielfältige Konfiguration konnten die Studierenden sich mit ihren eigenen Vorstellungen einbringen und ihre Ideen umsetzen und verwirklichen. So hatten wir zu Beginn des Moduls betont, dass unser Lehrkonzept das des forschenden Lehrens ist; und dass wir uns mit dem Modul auf ein neues Gebiet begeben, das wir selbst sehr spannend finden, von dem wir aber nicht wissen, wie das Ergebnis aussehen wird. Insofern haben wir darauf hingewiesen, dass die Verantwortung für ein Gelingen zu wesentlichen Teilen im Einsatz und der Kreativität der Gruppe liegt. Mit der theoretischen Unterfütterung, einerseits durch (klassische) Bildungsphilosophie und andererseits durch die Filmvermittlungsansätze unserer Gäste, die in diesem Band ihre Theorie und Praxis vorstellen, konnten unsere Studierenden zwei Workshops, ein Gespräch mit Filmschaffenden, eine Filmsichtung mit Kindern und mehrere Seminarsitzungen selbst entwerfen, organisieren und durchführen. So haben wir im Laufe eines Semesters in einer vierstündigen Lehrveranstaltung vermitteln können, wie Filme vermittelt werden können. Der Workshop, den wir im Rahmen des Seminars organisierten, wurde von den Beitragenden dieses Bandes bestritten; wir freuen uns sehr, die unterschiedlichen Ansätze zur *Vermittlung der Vermittlung* hier versammeln zu können.

3   Wobei mit dem *affective turn* gerade in der Pädagogik noch produktiver gearbeitet werden kann, als es uns hier möglich war. Insbesondere Elspeth Probyn hat schon 2004 mit Spinoza und Deleuze festgestellt, dass die Frage nach dem Körper in Lehr-Lernsettings notorisch unterbelichtet geblieben ist. Nach Watkins (2010) kann man z.B. Affekte, die (im Körper) akkumulieren, als Gedächtnis- und Lernprozesse verstehen. Gerade Kinder reagieren sehr körperlich auf Filme (siehe den Beitrag von Pantenburg und Schlüter in diesem Band).

FilmBildung – Ein Versuch zur Vermittlung der Vermittlung

Die Beiträge in diesem Band

Bettina Henzler entwirft in ihrem Beitrag ein an die Kunstvermittlung angelehntes Konzept der Filmvermittlung. Mit Alain Bergala und Roland Barthes argumentiert sie für ein Vermittlungsprinzip, das mit der Montage arbeitet, um die, wie sie schreibt, «hyptertextuelle Verknüpfung von Bildmaterial zum Ausgangspunkt eines individuellen Lehr-/Lernprozesses» zu machen. *Der unwissende Lehrmeister* (2007) nach Rancière dient Henzler als pädagogische Vorlage für ihren Vermittlungsansatz. Hierbei argumentiert sie für eine Radikalisierung der Beziehung zwischen Lehrenden, Material und Lernenden. Das (Film-)Material dient Henzler dabei als Drittes in der Vermittlungsbeziehung. Die Montage begreift sie in diesem Prozess als Denkbewegung, die nicht nur Vergleiche oder Tableaus zwischen Bildern ermöglicht, sondern auch eine lineare und argumentative Verkettung im Vermittlungsprozess darstellt.

Volker Pantenburgs und Stefanie Schlüters zehn Thesen zur Filmbildung basieren auf Erfahrungen der beiden als Filmvermittler_innen und Theoretiker_innen. So zielen ihre Thesen z.b. auf die somatischen Effekte und haptischen Aspekte des Films. Film wird hier in der Filmvermittlung zu einem multi-sensorischen Phänomen, das sich eher im Experimentieren mit Film als im Sprechen über Film vermitteln lässt. Gerade die Wahrnehmungsmodi von Kindern werden in den Thesen immer wieder zum Dreh- und Angelpunkt einer Filmbildung, die «Kinder nicht da abholt, wo sie stehen, sondern sie dahin bringt, wo sie noch nicht gewesen sind». Eine besondere Rolle spielen für Schlüter und Pantenburg Filmformate jenseits von Narrativität, wie Experimentalfilme, die besondere Seherfahrungen ermöglichen und die offene und nicht nach Sinneinheiten geordnete Wahrnehmungsmodi zulassen. Dieses unschuldige Sehen von Farben, Formen und Licht, das Kindern (noch) möglich ist, findet statt, bevor das Gesehene in Worte gefasst und klassifiziert werden kann.

Wenke Wegner plädiert in ihrem Beitrag dafür, den Film selbst als Vermittler zu denken – als Konkurrent oder Verdopplung der Lehrperson. Jeder Film hat sein eigenes ästhetisches Verfahren, das entweder implizit durch seine Gestaltung oder explizit durch seine Bezugnahme auf andere Filme vermittelnd wirkt. Wegner spielt in ihrem Beitrag mit der Idee, die Berliner Schule betreibe eine spezifische Art der Filmvermittlung. Auch Wegner bedient sich bei diesem Gedanken der Figur des *passeurs*, jedoch wird hier der Film selbst zum *passeur*, der den «Wunsch hat, ein bestimmtes Kino an seine Zuschauer_innen zu vermitteln». Mehr noch zeigt Wegner, wie PLÄTZE IN STÄDTEN (D 1998, Angela Schanelec) traditionelle Schul-Didaktik reflektiert und als Beispiel für eine andere Didaktik dient, die auf eine rohe Filmästhetik als Form der Vermittlung setzt. Jenseits von Narrativität und geschlossenen Formen kann dieser Film so im Sinne Bergalas als Kunst und Alterität wirken. Im offenen Austausch mit den Schüler_innen kann dies in der

Filmvermittlung produktiv gemacht werden, indem man im Nacherzählen des Films das Nebeneinander der verschiedenen Versionen stehen lässt und so die Offenheit filmischer Bildung verdeutlicht.

Manuel Zahn verschränkt in seinem Beitrag Überlegungen zu Film in der Institution Schule mit bildungstheoretischem Denken. Mit Rekurs auf Humboldt und Adorno werden Filme als kulturelle Erzeugnisse zu spezifischen Agenten in Bildungsprozessen. Die Involviertheit der Zuschauer_in vollzieht sich affektiv, perzeptiv und denkend. Der Film, so Zahn, hinterlässt als performativer «Bild-Bildungsprozess» Spuren in seinen Betrachter_innen und verkörpert sich in ihnen. Diese Erfahrung bezeichnet Zahn mit Christiane Voss als die eines «ästhetischen Leihkörpers». Film-Bildung wird von Zahn «als die ästhetische Reflexion der schon zuvor mit und am Film, an Filmen gebildeten Erfahrungen, Einbildungen und Subjektivierungen» beschrieben. Diese Konzeptualisierung von Film-Bildung erfordert jedoch eine Neu-Positionierung von Filmvermittler_innen, die sich nicht als wissende Dritte, sondern als Teil des Publikums verstehen und die die Irritationen der Schüler_innen begleiten. Dazu ist auch, so Zahns Fazit, eine andere Lehrer_innenaus- und weiterbildung nötig.

Im abschließenden Teil berichten die Studierenden in einer gemeinsamen Reflexion des Moduls über ihre Entwicklung in studienbezogener und beruflicher Hinsicht. In ihrem Beitrag verorten die Autor_innen Film im Kontext neuer Medien und konzentrieren sich auf die Verschränkung von Theorien und Praxis, die sie einerseits im Seminarverlauf gefunden haben und andererseits in der Filmbildung an Schulen etabliert sehen wollen. Anhand Bergalas *passeur* spielen die Autor_innen eine Filmbildung durch, die «Film nicht mehr nur als bloßes Mittel zum Zweck» versteht, «sondern das Erleben durch den Film und anhand des Filmes» ermöglicht. Die Grundlage für eine derartige Filmbildung verorten die Autor_innen in einer didaktischen Methode, die sie kurz als «Lehren ohne zu Lehren» bezeichnen und die sie im Workshop mit den Kindern erfolgreich umgesetzt haben. Sie plädieren für Offenheit und Freiheit, die den Kindern eingeräumt werden müssen, um so die Begeisterung und Leidenschaft für den Film auszulösen, die Bildungsprozesse überhaupt erst in Gang setzen; und zwar im Sinne eines Verwickelt-Werdens in filmisches und somit weltliches Erleben. Denn eine Welt ohne Film ist im Zeitalter der Medienimmanenz nicht mehr denkbar, so die Autor_innen in Folge Deleuzes, und somit auch Bildung ohne Film nicht mehr möglich.

Am Ende unserer Einleitung möchten wir aus einem Abschlussbericht einer Studierenden zitieren, der zum Thema «Gegensätze verbinden. Reflexion der Ansätze Alain Bergalas zur Filmvermittlung im Rahmen des Studienmoduls Film-Bildung» entstanden ist:

> «Auch denke ich, dass unsere Dozentinnen als *passeuses* uns an die Ideen und Konzepte der Filmvermittlung heranführten und uns für diesen Bereich begeistern konnten. Abschließend kann ich bekräftigen, dass

[...] ich ganz im Sinne Bergalas ein Denken entwickelte, das ein scheinbar unorthodoxes Verknüpfen und Verbinden von Ideen über Grenzen hinweg erlaubt».

Und dies haben die Studierenden – wie wir hinzufügen möchten – in der Filmarbeit mit Kindern bewiesen und so die Grenze zwischen Lernenden und Lehrenden gelungen überschritten.

Danksagung

Wir danken der Fakultät Medien der Bauhaus-Universität Weimar, die uns bei diesem Projekt sehr großzügig unterstützt hat. Auch danken wir ganz herzlich der Direktorin der Barfüßerschule Erfurt, Ursula Zimmer, sowie der Erzieherin Veronika Tuch, die unseren Workshop kompetent und freundlich begleitet hat. Ein großer Dank geht außerdem an die Studierenden und an die Kinder, die mit großer Begeisterung unser Projekt begleitet und so überhaupt erst ermöglicht haben. Ein weiterer Dank geht an die Heinrich-Böll-Stiftung, die eine unserer Studierenden, Katharina Spiel, unterstützt und an Jana Mangold, die die Beiträge lektoriert hat. Herzlicher Dank geht auch an Georg Bosch für die Umschlaggestaltung.

Literatur

Adorno, Theodor W. (1959) Theorie der Halbbildung. In: Ders. *Soziologische Schriften* 1, Frankfurt am Main: Suhrkamp, S. 93–121.

Aidelman, Núria/Colell, Laia (2010) Zum pädagogischen Potential kreativer Filmarbeit. Das spanische Schulfilmprojekt Cinema en curs. In: Henzler, Bettina/Pauleit, Winfried/Rüffert, Christine/Schmid, Karl-Heinz/Tews, Alfred (Hg.) *Vom Kino lernen. Internationale Perspektiven der Filmvermittlung*, Berlin: Bertz und Fischer, S. 101–109.

Berendt, Brigitte (2000) Was ist gute Hochschullehre? In: *ZfPäd*, 4. Beiheft. Weinheim, Basel, S. 247–260.

– (Hg.) (2002) *Neues Handbuch Hochschullehre: Lehren und Lernen effizient gestalten*. Berlin: Raabe.

Bourgeois, Nathalie (2010) Wie die Cinémathèque francaise Kinder in die Filmkunst einführt. In: Henzler, Bettina/Pauleit, Winfried/Rüffert, Christine/Schmid, Karl-Heinz/Tews, Alfred (Hg.) *Vom Kino lernen. Internationale Perspektiven der Filmvermittlung*, Berlin: Bertz und Fischer, S. 89–100.

Butler, Judith (2012) Gender and Education. In: Ricken, Norbert/Balzer, Nicole (Hg.) *Judith Butler: Pädagogische Lektüren*, Wiesbaden: VS Verlag für Sozialwissenschaften, S. 15–28.

Davis, Dawn Rae (2010) Unmirroring Pedagogies Teaching with intersectional and transnational methods in the women and gender studies classroom. In: *Feminist Formations* 22/1, S. 136–162.

Freire, Paulo ([1970–1997] 2007) *Pädagogik der Autonomie*. Münster: Waxmann.

– (1993) *Pädagogik der Unterdrückten. Bildung als Praxis der Freiheit*, Reinbek bei Hamburg: Rowohlt.

Henzler, Bettina (2009) Von der Pädagogik audiovisueller Medien zur Vermittlung des Kinos als Kunstform. Alain Bergalas Konzepte und Methoden der Filmvermittlung. In: Henzler, Bettina/Pauleit, Winfried (Hg.) *Filme sehen, Kino verstehen. Methoden der Filmvermittlung*, Marburg: Schüren, S. 10-32.

hooks, bell (1994) *Teaching to Transgress: Education as the Practice of Freedom*. New York: Routledge.

Horkheimer, Max ([1952] 1985) Begriff der Bildung. In: ders., *Gesammelte Schriften* Band 8, Frankfurt am Main: Fischer, S. 409-419.

Humboldt, Wilhelm von ([1793] 1993) Theorie der Bildung des Menschen (1793). In: Flitner, Andreas/Klaus Giel (Hg.) *Wilhelm von Humboldt, Werke in fünf Bänden*. Band 4: Schriften zur Politik und zum Bildungswesen, Stuttgart: Cotta, S. 234-240.

Pantenburg, Volker/Schlüter, Stefanie (2011) Experimentalfilme vermitteln. Zum praktischen und analytischen Umgang mit dem Kino der Avantgarde. In: Sommer, Gudrun/Hediger, Vinzenz/Fahle, Oliver (Hg.) *Orte filmischen Wissens. Filmkultur und Filmvermittlung im Zeitalter digitaler Netzwerke*, Marburg: Schüren, S. 213-236.

Pauleit, Winfried (2010) Diesseits der Leinwand. Differenzerfahrung als Persönlichkeitsbildung im Kino. In: Henzler, Bettina/Pauleit, Winfried/Rüffert, Christine/Schmid, Karl-Heinz/Tews, Alfred (Hg.) *Vom Kino lernen. Internationale Perspektiven der Filmvermittlung*, Berlin: Bertz und Fischer, S. 29-38.

Pazzini, Karl-Josef/Schuller, Marianne/Wimmer, Michael (Hg.) (2010) *Lehren bildet? Vom Rätsel unserer Lehranstalten*, Bielefeld: transcript Verlag.

Ricken, Norbert (2012) Bildsamkeit und Sozialität. Überlegungen zur Neufassung eines Topos pädagogischer Anthropologie. In: Ricken, Norbert/Balzer, Nicole (Hg.) *Judith Butler: Pädagogische Lektüren*, Wiesbaden: VS Verlag für Sozialwissenschaften, S. 329-352.

Spivak, Gayatri C. (1993) *Outside in the Teaching Machine*. London, New York: Routledge.

Watkins, Megan (2010) Desiring Recognition, Accumulating Affect. In: Melissa Gregg und Gregory J. Seigworth (Hg.) *The Affect Theory Reader*. Durham: Duke University Press, S. 269-288.

Wegner, Wenke (2010) Berliner Schule. Zur Lehrkraft des Kinos in PLÄTZE IN STÄDTEN und DIE INNERE SICHERHEIT. In: Henzler, Bettina/Pauleit, Winfried/Rüffert, Christine/Schmid, Karl-Heinz/Tews, Alfred (Hg.) *Vom Kino lernen. Internationale Perspektiven der Filmvermittlung*, Berlin: Bertz und Fischer, S. 149-159.

Wimmer, Michael (2010) Lehren und Bildung. Anmerkungen zu einem problematischen Verhältnis. In: Pazzini, Karl-Josef/Schuller, Marianne/Wimmer, Michael (Hg.) *Lehren bildet? Vom Rätsel unserer Lehranstalten*, Bielefeld: transcript Verlag, S. 13-38.

Zahn, Manuel (2012) Ästhetische Film-Bildung: Studien zur Materialität und Medialität filmischer Bildungsprozesse, Bielefeld: transcript.

Bettina Henzler

Montage als Geste der Vermittlung

Die digitale Vervielfältigung revolutioniert die Erforschung und Vermittlung des Films in ähnlicher Weise wie die fotografische Reproduktion die Kunstgeschichte und -wissenschaft. Die leichtere Zugänglichkeit einer Vielfalt an Filmen/Bildern eröffnet einen neuen Blick auf Film-/Kunstgeschichte als Gesamtzusammenhang. Die Präsenz des Materials, das zuvor nur aus der Erinnerung oder an spezifischen Orten wie der Sammlung oder dem Museum, dem Festival oder dem Kino verfügbar war und jetzt im Schulraum, Hörsaal, auf dem Laptop oder anderen mobilen Endgeräten abrufbar ist, ändert grundlegend die Beziehung des Betrachters zum Gegenstand. Das Herausgreifen von Details bzw. Ausschnitten, der Vergleich und die Verknüpfung gewinnen als Analysemethoden und didaktische Prinzipien an Bedeutung. So ist es kein Zufall, dass sich in der Film- und Medienwissenschaft derzeit ein zunehmendes Interesse am filmischen Motiv – d.h. am filmübergreifenden Detail – und am filmvermittelnden Film als medienspezifische Reflexionsformen formiert (vgl. Wendler/Engell 2009, Brinckmann/Hartmann/Kactmarek 2012). Für den pädagogischen Bereich hat Alain Bergala bereits 2002 die Methode des «Fragmente-in-Beziehung-Setzens» vorgeschlagen (Bergala 2006, 81–90). Grundidee ist, die DVD für eine am Material selbst ansetzende Didaktik zu nutzen, die nicht auf der Linearität eines Wissensdiskurses beruht, sondern die hyptertextuelle Verknüpfung von Bildmaterial zum Ausgangspunkt eines individuellen Lernprozesses macht. Bergala schließt damit an Theorien der Ästhetik, die kunstwissenschaftliche Methode des Bildvergleichs bzw. der Ikonologie wie an das filmische Prinzip der Montage an. Im Folgenden möchte ich das Verknüpfen von Bildern und Filmfragmenten als Vermittlungsprinzip in Hinblick auf diese theoretischen Implikationen und ihr Bildungspotential diskutieren. Ich werde mich dabei nicht auf den aktuellen Stand der jeweiligen Theorien, sondern vielmehr auf exemplarische Vorläufer beziehen, die geeignet sind, die Grundproblematik der Vermittlung und ihre kulturgeschichtliche Dimension zu erhellen. Denn sie veranschaulichen analytische Praktiken im Umgang mit Fotografien und Filmstills (Roland Barthes), mit Bild-Verknüpfungen (Aby Warburg) und mit Filmausschnitten und Tonspuren (Christophe Girardet, Matthias Müller), die für die Filmvermittlung von Interesse sind. An den Theorien und Filmbeispielen werden Fragen nach der Vermittlungsbeziehung, dem Verhältnis von Betrachter_in und Gegenstand, Wort und Bild, Medium und Kontext verhandelt.

Bettina Henzler

1. Bild-Material: Zur Beziehung von Individuum und Gegenstand

Didaktik: Das Material als ‹Dritter› in der Vermittlungsbeziehung

Die Präsenz und Handhabung von Bildern, Filmstandbildern oder Filmausschnitten im Unterricht ermöglicht ein induktives Vorgehen, das statt der erläuternden Rede des Lehrenden das Material selbst zum Ausgangspunkt nimmt. Die individuelle Aneignung, das Entwickeln und Verfolgen eigener Fragen anhand des Materials kann Bildungsprozesse in Gang setzen, die möglicherweise nachhaltiger sind als ein primär begriffs- und wissensbasiertes, systematisches Lernen. Zumal Lernziele in diesem Fall nicht fixiert sind, sondern der Erkenntnisprozess – motiviert durch das Interesse und die Suchbewegung der Lernenden – potentiell unabgeschlossen bleibt.

Auf die pädagogischen Vorteile eines solchen induktiven Lernprozesses hat beispielsweise der französische Pädagoge Joseph Jacotot bereits im 19. Jahrhundert verwiesen. Wie Jacques Rancière es in seinem Buch *Der unwissende Lehrmeister* (2007) darstellt, richtete Jacotot sich gegen die Dominanz des Lehrerdiskurses (als Wissensdiskurs), da dieser die Lernenden entmündige und eine Hierarchie zwischen dem Wissenden und den Nichtwissenden etabliere. Stattdessen postulierte Jacotot die Fähigkeit jedes Individuums, selbständig zu lernen, indem es seine Aufmerksamkeit auf einen Gegenstand richtet. Die materielle Sache tritt dabei als ‹Drittes› in die Vermittlungsbeziehung. Ihre Gegenwart stellt die durch den Wissensdiskurs etablierte Hierarchie zwischen Lehrenden und Lernenden in Frage. Vor dem Gegenstand sind gewissermaßen alle gleich, denn jede Aussage, jede Beobachtung oder These kann unmittelbar überprüft werden:

> «Eine materielle Sache ist zunächst ‹die einzige Brücke der Kommunikation zwischen zwei Geistern›. Die Brücke ist Übergang, aber auch bewahrte Distanz. Die Materialität des Buches hält zwei Geister auf gleiche Distanz, während die Erklärung die Vernichtung der einen durch die andere ist. Aber die Sache ist auch eine immer verfügbare Instanz der materiellen Verifizierung: Die Kunst des unwissenden Prüfers besteht darin, den Geprüften auf materielle Objekte, auf in einem Buch geschriebene Sätze und Wörter zurückzuverweisen, auf eine Sache, die er mit den Sinnen verifizieren kann.» (Rancière 2007, 45)

Die radikale These von Jacotot/Rancière lautet: dass in dieser Weise auch etwas unterrichtet werden könne, das der/die Lehrende – «der unwissende Prüfer» – selbst nicht kennt. Denn das, was es zu vermitteln gilt, ist das Lernen selbst – als ein Prozess, in dem Aufmerksamkeit auf einen (materiell präsenten) Gegenstand gerichtet wird. In ganz ähnlicher Weise fordert auch Alain Bergala in *Kino als Kunst*, in der Filmvermittlung Aufmerksamkeit auf Filme zu lenken, durch eine persönliche Auswahl, die für jemanden bestimmt ist: «Die Einführung in die Kunst kann manchmal einfach damit beginnen, im richtigen Augenblick den richtigen Gegenstand mit der richtigen Person zusammen zu bringen.» (Bergala 2006, 80) Während die Pädagogik von Jacotot sich auf Texte als Material des Lernens bezieht,[1] liegt Bergalas Vermittlungskonzept jedoch noch eine andere Überlegung zugrunde – nämlich, dass sprachliche Diskurse die visuelle Erfahrung nicht adäquat erfassen können. Die Präsenz des Bild/Film-Materials ist somit erforderlich, um neben kognitiven und sprachlich vermittelten Lernprozessen auch der ästhetischen Wahrnehmung und sinnlichen Erfahrungen Raum zu geben. Sie ist notwendig, um dem Bild/Film in seiner Eigengesetzlichkeit gerecht zu werden. Bergala formuliert dies in Hinblick auf das Medium Film, bezieht sich aber auf ästhetische Theorien von der ‹Widerständigkeit› des Kunstwerks als spezifischer Form der Weltaneignung (vgl. ibid., 55ff).

Ästhetik: Die individuelle Aneignung von Bild, Foto und Film

Die Differenz zwischen Bild und Wort, zwischen ästhetischer Erfahrung und kognitiv-begrifflich vermittelten Erkenntnisprozessen hat die ästhetische Theorie seit Immanuel Kant vielfach reflektiert (vgl. Rancière 2008). Demnach ist die ästhetische Wahrnehmung eine subjektive Erfahrung, die nicht durch Regeln oder Kategorien objektivierbar ist, die sich nicht ‹auf den Begriff bringen› lässt (vgl. Henzler 2013). Dennoch – auch dies betont bereits Kant – kann sie Ausgangspunkt von gemeinschaftlichen Verständigungsprozessen sein (vgl. Kant 2001, 60 u. 168, u. Richtmeyer). Diese Vorstellung konkretisiert Roland Barthes in seiner Auseinandersetzung mit dem Filmstandbild vor dem Hintergrund von Strukturalismus und Psychoanalyse. Er bezeichnet «als dritten Sinn» oder «stumpfen Sinn» Details im Filmstandbild, die ihn persönlich berühren, die sich jedoch der Kommunikation und Signifikation (Bedeutungsproduktion) entziehen, da sie nicht sprachlich artikulierbar sind. Seine Folgerung lautet, dass man *über* den dritten Sinn nicht sprechen, sondern sich nur *in Gegenwart des Bildes* darüber verständigen kann:

> «Wie soll man beschreiben, was nichts darstellt? Ein malerisches ‹Wiedergeben› mit Wörtern ist hier unmöglich. Falls wir, Sie und ich, angesichts dieser Bilder auf der Ebene der gegliederten Sprache [frz.: *langage articulé*] – das heißt meines eigenen Textes – bleiben, so hat dies zur Folge, daß der stumpfe Sinn nicht bis ins Dasein vordringen, nicht in die Metasprache des Kritikers eindringen kann. Das heißt, daß der stumpfe Sinn außerhalb der (gegliederten) Sprache, aber dafür inner-

---

[1] Laut Rancière entwickelte Jacotot seine Pädagogik in Bezug auf Lernende, die anhand einer zweisprachigen Übersetzung von *Les avantures de Télémaque* (François Fénelon, 1966) die französische Sprache gelernt haben – um seinen Vorlesungen in französischer Sprache folgen zu können.

halb der Gesprächssituation liegt. Denn wenn Sie die genannten Bilder anschauen, werden Sie diesen Sinn sehen: Wir können uns beiläufig oder ‹auf dem Rücken› der gegliederten Sprache über ihn verständigen: dank des Bildes […], weit mehr: dank dessen, was im Bild nichts als Bild (und im Grunde sehr wenig) ist, kommen wir ohne das Wort aus, ohne daß unsere Verständigung aussetzt.» (Barthes 1990, 60)

Dementsprechend imaginiert und gestaltet Barthes seine Auseinandersetzung mit dem Filmstandbild in «Der dritte Sinn» ebenso wie mit der Fotografie in *Die helle Kammer* (1985) als eine Vermittlungsbeziehung im Dreieck Autor_in-Gegenstand-Leser_in. Er stellt eine subjektive Auswahl von Fotos und Filmstandbildern vor und verweist auf Details, die ihn persönlich berühren, um über die Medialität seines Gegenstands nachzudenken. Seine Texte sind gestaltet als Ansprachen: des Gegenstandes ebenso wie der Leser_in, der die Bilder gemeinsam mit dem Text präsentiert werden. Diese Verfahrensweise ermöglicht zweierlei: Erstens die subjektive ästhetische Erfahrung zum Ausgangspunkt von Reflexionsprozessen zu machen, ohne sie in einer objektivierbaren Systematik zu nivellieren, und dabei zweitens den Gegenstand in seiner spezifischen Medialität zur Anschauung zu bringen. Barthes spricht nicht *über das*, sondern *mit dem* Bild.

Da Barthes' Texte vor der Verbreitung von Video und DVD erschienen sind, dient ihm das Filmstandbild (bzw. die Fotografie) zur kontemplativen Versenkung – ein Potential, das er dem Bewegtbild aufgrund seiner Zeitlichkeit abspricht. Cinephile Autoren haben ihre Aufmerksamkeit in ganz ähnlicher Weise auf den besonderen Moment in Filmen gerichtet – Keathley spricht in diesem Zusammenhang auch von dem «cinephilen Moment» (Keathley 2006, 29ff). Er hat darauf verwiesen, dass in französischen Filmkritiken der 1940er- bis 1960er-Jahre oftmals Details oder Momente, die die Autoren individuell betroffen haben, Ausgangspunkt filmanalytischer und medientheoretischer Überlegungen waren. Beispielsweise begeisterte sich André Bazin für die Spuren des Realen im fiktiven Film – für die Lichtreflexe in einer Pfütze, die narrativ ‹leeren› Momente in alltäglichen Handlungen – und entwickelte daraus seine Theorie des filmischen Realismus (vgl. Bazin 2004, z.B. 39 u. 377ff). Oder Jaques Rivette postulierte anhand einer Einstellung aus dem Film KAPO I/F 1960, Gilles Pontecorvo), die er für (moralisch) abscheulich hielt, seine These, dass sich in der ästhetischen Form die ‹Moral› eines Films offenbare, dass jede Einstellung eine Haltung vermittele (vgl. Rivette 1989). Diese cinephile Liebe zum Detail kann als Beispiel dienen, wie die individuelle ästhetische Filmerfahrung Ausgangspunkt von Reflexionsprozessen wird. Die wesentliche Rolle des Fragments entspricht dabei der Medialität des Films, der sich aus heterogenen Elementen, aus Einstellungen und Tönen zusammensetzt – Bergala spricht auch von der Einstellung als «kleinste lebendige Zelle» des «großen Körpers Kino» – und der über Fragmente erinnert wird (Bergala 2006, 88). Wie

Thomas Elsaesser herausstellt, ist diese Affizierung durch das Fragment mit den digitalen Medien zur cinephilen Alltagspraxis geworden. Die persönliche Sammlung und Wiederholung der besonderen Momente, der Austausch über sie im Web, ersetzte heute die Einzigartigkeit des Kinoerlebnisses (vgl. Elsaesser 2005, 27–43). Die Arbeit mit Filmstills und Filmausschnitten knüpft somit an eine cinephile Praxis der Reflexion von und mit Filmen an. Sie ermöglicht es, im Sinne Barthes *in Gegenwart* konkreter Filme, Bilder, Materialien zu sprechen und für deren spezifische Ästhetik und Medialität zu sensibilisieren. In einer Dreiecksbeziehung zwischen Vermittler_in-Gegenstand-Lernenden kann insbesondere die individuelle Dimension der ästhetischen Erfahrung im Vermittlungsprozess eingeholt werden. Dabei geht es nicht darum, das Bild gegen das Wort auszuspielen, sondern vielmehr im Vermittlungsprozess die Differenz beider Ausdrucksformen – gerade in Hinblick auf die Hybridität des Mediums Film – zu berücksichtigen und die notwendige Übersetzung von Bildern in Worte (und umgekehrt) im Prozess der Aneignung und Kommunikation immer wieder neu zu verhandeln.

2. Kulturgeschichte als Netzwerk: Zu den Beziehungen zwischen Bildern und Filmen

Es geht in der Vermittlung aber nicht nur um die Beziehung des Individuums zum Gegenstand, sondern auch um die vielfältigen Beziehungen zwischen Filmen, Bildern, Tönen und Texten – es geht auch um die Frage nach den kulturellen Kontexten, innerhalb derer Werke zur Anschauung kommen und Sinn generieren. Die Vorstellung von der Literatur(geschichte) und Kultur(geschichte) als Netzwerk wurde in den Theorien der Intertextualität (insbesondere Julia von Kristeva) Ende der 1960er-Jahre formuliert und auch auf andere Ausdrucksformen übertragen, die allesamt als ‹Texte› – d.h. als Zeichensysteme – ‹lesbar sind›. Demnach erlangt jeder Text seine Bedeutung nur in Beziehung zu anderen Texten, oder differenzierter: Jede Ausdrucksform – sei es Bild, Film, Text oder Ton – steht in relationaler Beziehung zu allen anderen Filmen, Medien, Kunstwerken und kann nur in Bezug zu diesen verstanden werden. Nachdem im Zuge des sogenannten *pictoral turn* in den 1990er-Jahren die Eigengesetzlichkeit von Bildern gegenüber Texten erneut in den Fokus der Wissenschaft geriet (vgl. Mitchell 2008), gab es in jüngerer Zeit Bestrebungen dieses Konzept – unter dem Stichwort der Interpiktoralität (vgl. Isekenmeier 2013) – in Hinblick auf die Beziehung zwischen Bildern umzuformulieren. Vorläufer dieser aktuellen bildwissenschaftlichen Forschung ist die Kunst- und Kulturwissenschaft, innerhalb derer vergleichende Verfahren der Bildforschung bereits Anfang des 20. Jahrhunderts erprobt und etabliert wurden. Diese ikonologischen Ansätze können dazu beitragen, den Vergleich als eine Forschungs- und Vermittlungsmethode zu verstehen, die bei der Ästhetik und Visualität des Films ansetzt.

Bettina Henzler

Das imaginäre Museum der Bilder und Filme

Einen kunstwissenschaftlichen Vorläufer zum Konzept der Intertextualität hat beispielsweise André Malraux mit seinem Begriff des *imaginären Museums* bereits in den 1940er-Jahren formuliert. Das imaginäre Museum ist demnach die Sammlung aller zu einer Zeit und in einem kulturellen Kontext verfügbarer Bilder, die miteinander in Dialog treten können. Dieses imaginäre Museum wird durch die fotografische Reproduktion gebildet, die – unabhängig von spezifischen Ausstellungen in Museen oder an anderen Orten der Kunst – Kunstwerke und kulturelle Produkte der verschiedensten Kontexte und Ästhetiken verfügbar und vergleichbar macht. Es ist somit gewissermaßen die fotografische Reproduktion, die die Kunstgeschichte als ein relationales Netzwerk von Bildern erst hervorbringt bzw. zugänglich macht. Sie beschleunigt laut Malraux damit einen Wandel in der Kunstwahrnehmung, den die europäischen Kunstmuseen seit dem 19. Jahrhundert eingeleitet haben. Kunstwerke werden losgelöst von ihrer ursprünglichen Funktion (z.b. als religiöse Kultgegenstände oder Repräsentanten der Macht) präsentiert und in Beziehung zu anderen Kunstwerken vor allem als ästhetische Formen wahrnehmbar – das Kunstwerk wird *autonom*[2] (vgl. Malraux 1957, 111).

Indem die Fotografie zudem nicht nur die in Europa kanonisierten Werke, sondern kulturelle Formen jedweden Materials, Status und jedweder Herkunft – Gebrauchskunst wie Teppiche oder Glasmalerei, kultische Gegenstände afrikanischer Kulturen oder des alten Ägyptens ebenso wie beispielsweise Werke der europäischen Moderne – vervielfältigt und vergleichbar macht, demokratisiert sie Malraux zufolge unseren Blick. Kunstgeschichte wird nicht nur als Geschichte der überlieferten Meisterwerke lesbar, sondern vielmehr als ein Netz von Beziehungen von Werken unterschiedlichster Form und Herkunft. Der Vergleich mit Werken, die Ähnlichkeiten aufweisen oder sich radikal unterscheiden, die aus derselben oder einem ganz anderen kulturellen und zeitgeschichtlichen Kontext stammen, sensibilisiert den Blick für Stile und ermöglicht es, die ‹Sprachen› der Bilder zu entziffern, die ihre Bedeutung aus in spezifischen kulturellen Kontexten etablierten Ausdruckswerten beziehen. Malraux verweist dabei insbesondere auch auf die Möglichkeiten, das Medium Fotografie analytisch einzusetzen. Durch Vergrößerung und Verkleinerung, durch das Herausgreifen und Gegenüberstellen von Details werden Werke unterschiedlichster Form und Funktion, wie die Miniatur oder das Fragment eines Teppichs, erst vergleichbar.[3]

---

2   Die Pointe von Malraux' Argumentation liegt u.a. darin, dass er das Autonomiebestreben und die Selbstreflexivität der modernen Kunst als ein Produkt der durch das Museum geänderten Kunstwahrnehmung beschreibt. In analoger Weise könnte das moderne Kino als ein Produkt der Kinematheken verstanden werden: Kunst und Film werden sich ihrer selbst bewusst.

3   Ein frühes Beispiel für diese Praktik sind die Bild-Montagen von Avantgarde-Publikationen, wie der Almanach *Der blaue Reiter* (1929) oder die Zeitschrift *Documents* (1929–1931). Hier

Die digitale Reproduktion (zuvor bereits in beschränktem Maße das Video) erweitert dieses Konzept des *imaginären Museums* auf den Film. Sie macht – ganz wie es Malraux für die Kunst beschrieben hat – Filme aus den unterschiedlichsten kulturellen und historischen Kontexten verfügbar und vergleichbar:

> «Die zunächst magnetische, dann digitale Reproduktion von Filmen verschafft dem Kino sein historisches und ästhetisches *Forschungswerkzeug*, ganz so wie es die fotografische Reproduktion Anfang des 20. Jahrhunderts für die bildende Kunst leistete. Endlich wird ein *imaginäres Filmmuseum* möglich.» (Paini 2014, o. S.)

Das *imaginäre Filmmuseum* zeigt sich ganz konkret im Einzug von Film und Video in den Museumsraum, als Installationen oder in Form von intermedialen Filmaustellungen: Zu nennen wären beispielsweise die Ausstellung *Hitchcock et l'art: coïncidences fatales* von Dominique Païni und Didier Ottinger (Centre Georges Pompidou, Paris 2001), die eher wie traditionelle kunst- und filmwissenschaftliche Forschungsarbeiten Einflussbeziehungen zwischen Film- und Kunstgeschichte offenlegt. Näher an Malraux' Vorstellung von einem imaginären Museum sind die Ausstellungen, wie *Kino wie noch nie* von Antje Ehmann und Harun Farocki (Akademie der Künste, Berlin 2007), die mittels Fragmentketten oder Bildvergleichen auf Videobildschirmen und Beamerprojektionen Ausdrucksformen des Mediums Film erschließt, oder die Ausstellung *Brune-Blonde* von Alain Bergala (Cinémathèque française, Paris 2011), die sich in einem Parcours von der antiken Kunst bis zum zeitgenössischen Bollywoodfilm der Kulturgeschichte der weiblichen Frisur widmet (vgl Henzler/Bergala 2011).

Was die Rolle des Zuschauers betrifft, so realisiert sich das imaginäre Museum der Bilder und Film(ausschnitte) jedoch vor allem durch die Medien DVD und Internet. Sie ermöglichen es jedem Mediennutzer, Filme und Bilder aus ihren filmgeschichtlichen und kulturellen, ihren Aufführungs- und Präsentationskontexten zu lösen und nebeneinander zu stellen. Fragmente können herausgegriffen werden – man denke an die Vielzahl von Lieblings-Filmausschnitten auf Youtube –, zeitlich manipuliert (angehalten, verlangsamt und beschleunigt), und miteinander in Beziehung gesetzt werden. Alain Bergala hat dementsprechend Vermittlungs-DVDs – insbesondere LE POINT DE VUE (F 2007) und PETIT À PETIT, LE CINÉMA (F 2002) – herausgegeben, die als die Realisierung eines imaginären Museums im

---

wurden ‹schockartig› Reproduktionen von Werken aus völlig verschiedenen Kontexten kontrastiert – z.B. Gemälde von Van Gogh und japanische Holzschnittmalerei (im Almanach), Werke der Hoch- wie Populärkultur, Gemälde, Filmstills, Comics, Fotografien, Skulpturen, Grafik – um Konstanten und Varianten der ästhetischen Gestaltung herauszustellen (vgl. Fleckner 2012).

Sinne von Malraux interpretiert werden können.[4] Durch die Verkettung von Filmausschnitten zu verschiedenen Motiven oder formalen Parametern erschließen sie Ausdrucksformen des Mediums Film und sensibilisieren für die Vielfalt von Filmästhetik und -geschichte. Ein Beispiel für kulturwissenschaftliche Forschung im Medium DVD ist zudem THE FACTORY OF GESTURES. BODY LANGUAGE IN FILM (D/USA 2008) von Oksana Bulgakowa. Sie versammelt Filmausschnitte zu Gesten und Körpersprache des sowjetischen Kinos zwischen 1900–1960 und bietet damit ein Inventar soziokultureller Muster ebenso wie filmgeschichtlicher Semiotik: Die Filme werden als Spiegel sozial- und kulturgeschichtlicher Entwicklungen lesbar.

Die Verknüpfungen der hier aufgeführten Beispiele aus Museum und DVD basieren im wesentlichen auf zwei Strategien des Vergleichs: Zum einen dient der Vergleich dazu, konkrete Einflussbeziehungen zwischen Werken und kulturgeschichtlich bedingte Stilähnlichkeiten oder Ausdrucksformen nachzuweisen und sichtbar zu machen. Zum anderen erfolgt er aber – im Falle von Bergalas Arbeiten – quer zu konkreten möglichen Einflussbeziehungen. Es werden überraschende Verbindungen hergestellt zwischen ästhetischen Formen, die weit auseinanderliegen. Dadurch wird – im Sinne Malraux' – eine Sensibilität für die Vielfalt ästhetischer Formen und ihres Ausdruckspotentials gebildet. Statt des *Aufdeckens* von Beziehungen steht hier die *Konstruktion* von Beziehungen als eine Strategie der individuellen Aneignung ebenso wie der Analyse und Deutung im Vordergrund. Kunst- und Filmgeschichte erschließt sich dabei nicht als ein gefügtes Gebäude kanonischer Werke und Epochen, sondern als bewegliches relationales System von Einflussbeziehungen, das durch jede neue Perspektive aktualisiert und verschoben wird.

Medien der Forschung und Vermittlung: Vom Bilderatlas zur DVD

Malraux' imaginäres Museum kennzeichnet eine paradoxe Bewegung zwischen Dekontextualisierung und Neukontextualisierung: Es ist zunächst in einem kunstwissenschaftlichen Sinn als ein Inventar ästhetischer – von der ursprünglichen Funktion in der Realität losgelöster – Ausdrucksformen gedacht, zugleich werden diese Formen jedoch erst dadurch in ihrer spezifischen Bedeutung und Eigenart erkennbar, dass sie im Kontext anderer Werke erscheinen. Damit deutet sich auch die Möglichkeit einer kulturwissenschaftlichen Perspektive/Forschung an, die kul-

---

[4] Besonders interessant ist in dem Zusammenhang die von Nathalie Borgeous realisierte DVD PETIT À PETIT, LE CINÉMA, die ich an anderer Stelle bereits ausführlich vorgestellt habe (vgl. Henzler 2013). Hier sind zu den Kind-affinen Themen Zirkus, Tiere, Zauberei Kurzfilme und Ausschnitte von Filmen verschiedener Genres und Kulturen mit Reproduktionen von Fotografien, Gemälden, Objekten zusammengestellt, die unter verschiedenen Gesichtspunkten miteinander verglichen werden können. Die Verknüpfungen, die auf der DVD vorgeschlagen werden, erfolgen dabei vor allem nach motivischen Ähnlichkeiten: seien es inhaltliche Motive (Zauberei, Katzen, Ringelreihen usw.), Bewegungsmotive (Fallen, Ziehen) oder formale Kategorien (Stücke, Perspektive, usw.).

turelle Differenzen und kulturgeschichtliche Entwicklungen in den Blick nimmt. Zugleich weist dieses Modell dem Betrachter eine zentrale Rolle zu, der diese Beziehungen herstellt. Als Beispiel für eine kulturwissenschaftliche Forschung, die das von Malraux beschriebene Modell gewissermaßen zur Methode macht, kann die Arbeit des Kunsthistorikers Aby Warburg (1866–1929) gelten. An ihr lässt sich aufzeigen, wie das (imaginäre) Gegenüberstellen und Verknüpfen von Bildern konkret als Forschungs- und Vermittlungsmethode einsetzbar ist.

Warburgs Arbeitsweise mit Bildtafeln, auf denen Bilder zu bestimmten Fragestellungen montiert sind, insbesondere sein unvollendetes Projekt *Der Bilderatlas – Mnemosyne*, wurden im Zuge der Bildwissenschaften in den letzten Jahren wiederentdeckt und intensiv beforscht (vgl. Warburg 2000).[5] Der nur in Fotografien von Bildanordnungen und fragmentarischen Texten überlieferte *Bilderatlas* stellt den Versuch dar, das ‹Nachleben› der Antike in der europäischen Kultur der Renaissance bis in die Gegenwart durch thematische Tafeln mit flächig angeordneten Bildern zu veranschaulichen. Die Tafeln widmen sich insbesondere verschiedenen Ausdrucksformen für menschliche Emotionen, die ausgehend von der Antike in spätere Kunstepochen ‹gewandert› sind und von einem – von direkten Einflussbeziehungen losgelösten – kulturellen Bild-Gedächtnis zeugen (vgl. Fleckner 2012, 14). Warburgs Bild-Montagen zielen nicht – wie von Malraux intendiert – auf die Erforschung der Vielfalt ästhetischer Formen und Stilrichtungen, vielmehr geht es um die Erforschung der Entwicklung menschlicher (insbesondere europäischer) Zivilisation anhand der Bilder, die sie von sich selbst und ihrem Verhältnis zum Kosmos macht. Bilder stehen dabei im Zentrum der «kunstwissenschaftlichen Kulturwissenschaft» Warburgs, da sie als Bindeglied zwischen Abstraktion und Konkretem fungieren, wie Rösch es formuliert: «[W]eder *sind* sie das, was sie abbilden, noch sind sie nur der *Begriff* dafür» (Rösch 2010, 106).

Die Montage dient Warburg als wesentliches Mittel der Forschung und Vermittlung. Dies gilt für die Konzeption seiner kulturwissenschaftlichen Bibliothek, in der Bücher nicht systematisch, sondern thematisch nach «dem Gesetz der guten Nachbarschaft» (Rösch 2010, 113) gruppiert werden, ebenso wie in seinen Texten, in denen er Zitate unkommentiert nebeneinanderstellt, und insbesondere für seine Bildtafeln, die er für den Bilderatlas, aber auch für Vorträge und Ausstellungen konzipiert. Er stellt darauf Reproduktionen von Kunstwerken nebeneinander, die nicht zusammenzupassen scheinen – Werke aus verschiedenen Epochen Antike, Mittelalter, Neuzeit und von verschiedener Funktionalität «die Werke freiester und angewandtester Kunst» (Warburg zit. n Rösch 2010, 37). Zudem macht er sich die analytische Qualität der Fotografie – Vergrößerungen und Verkleinerungen, Arbeit mit Fragmenten – zu Nutze, die auch Malraux beschrieben hat (vgl. Fleckner 2012, 11).

---

5 Die Arbeitsweise wurde insbesondere anhand von Briefen und Augenzeugenberichten dokumentiert (vgl. Rösch 2010, Fleckner 2012).

Auf diesen Bildtafeln, die sich bestimmten Fragestellungen seines Forschungsfeldes widmen – beispielsweise zu Vorstellungen vom Kosmos, zum Sieger- und Leidenspathos, zu Weiblichkeitsmythen –, sind die Bilder nicht linear hintereinander, sondern konzentrisch bzw. als Cluster angeordnet: ausgehend von einem zentralen Bild in der Mitte, das in verschiedene Richtungen durch weitere Bilder ergänzt wird, um «historische Verläufe, Motivketten und -brüche» nachzuvollziehen (Fleckner 2012, 11). Der Fokus der Betrachtenden wird dadurch nicht in eine bestimmte Richtung gelenkt, sondern kann sich vielmehr eigenständig in verschiedene Richtungen bewegen und neue Teilaspekte erschließen.

> «Der Weg des Blicks durch die jeweilige Bildkonstellation [...] kann dabei zwar nicht beliebig geführt werden, aber ist andererseits auch nicht eindeutig geregelt und schon gar nicht eindimensional, etwa chronologisch, auf ein wie auch immer vorbestimmtes Erkenntnisziel gerichtet; der Blick wandert, so wie die bildlichen Prägungen, gerade nach Auffassung Warburgs, durch Raum und Zeit wandern, und die Widersprüche der Geschichte werden in der spezifischen Anordnung des Bildmaterials respektiert, ja, in ihrer fatalen Zwangsläufigkeit hervorgehoben.» (Fleckner 2012, 14)

Diese Anordnungen gruppierte Warburg im Zuge seiner Forschungen immer wieder um, fügte neue Bilder und Themen hinzu, ließ andere weg. Sie spiegelten gewissermaßen den Prozess der Erkenntnis und wurden regelmäßig mit Besucher_innen der Bibliothek oder Mitarbeiter_innen diskutiert (vgl. Rösch 2010, 94f). In seinen «performativen» Vorträgen nahm die Kommentierung der Bildtafeln einen wichtigen und eigenständigen Part ein (Fleckner 2012, 15). Die Bild-Montagen dienten nicht lediglich der Illustration des Gesagten, sondern aus ihnen entwickelte sich – parallel zum Text des Redners – eine eigene ‹Argumentation›.

Warburgs Bilder-Forschung trägt damit Züge der Dreiecksbeziehung, mit der ich im ersten Teil dieses Kapitels die Vermittlungsbeziehung beschrieben habe. Im Zentrum steht ein induktives Vorgehen, bei dem das Material Ausgangspunkt eines Forschungs- und Vermittlungsprozesses ist. Es wird – wie Barthes es einfordert – *mit* den Bildern argumentiert statt *über* sie gesprochen. Dabei ermöglicht in diesem Fall gerade die Montage von Bildern, der visuellen Logik des Materials gerecht zu werden, es für sich sprechen zu lassen: Warburg spricht auch von der «lebendige[n] Selbstbeleuchtung eines Problems durch polare Gegensätzlichkeit» (Warburg zit. n Fleckner 2012, 14). Zugleich ist seine Forschung als ein intersubjektiver Prozess angelegt, in dem die Diskussion anhand des Bildmaterials und seiner variierenden Anordnungen Erkenntnisprozesse in Gang setzt – Warburgs Forschungsprozess ähnelt damit auch Jacotots Vorstellung vom Vermittlungsprozess als einer gemeinsamen Verständigung am Material. Die Besonderheit an Warburgs Verfahren ist dabei die Prozessorientierung statt einer Zielorientierung (wie sie heute meist im Vordergrund steht): Forschung (und auch Vermittlung) ist bei Warburg ein Prozess, gerade weil der Umgang mit dem Material ein ständiges Pendeln zwischen der Widersprüchlichkeit des Konkreten und dem ordnenden Überblick mit sich bringt, und die Perspektive sich damit kontinuierlich erweitert und verändert.

Dieser Ansatz des Montierens als Forschung und Argumentation am Material findet sich auch in anderen kulturwissenschaftlichen Arbeiten, beispielsweise in den Text-Bildmontagen von Klaus Theweleit oder in der bereits erwähnten DVD von Oksana Bulgakowa. Für den Filmvermittlungskontext sind vor allem die methodischen Parallelen zu dem DVD-Konzept von Alain Bergala interessant. Seine DVD LE POINT DE VUE widmet sich der filmwissenschaftlichen Thematik der Perspektive im Film, es geht also um die Vermittlung und Erforschung ästhetischer und narrativer Eigenschaften des Mediums Film.[6] Diese DVD ist *methodisch* wie ein Bilderatlas für den Film angelegt. Sie versammelt eine große Anzahl an Filmausschnitten unterschiedlicher Genres und kultureller Kontexte und verknüpft diese in einer hypertextuellen Struktur unter verschiedenen Aspekten (optische und psychische Perspektive, Änderung der Perspektive, Tonperspektive u.a.). Sie verbindet damit einen tableauartigen Zugang (wie im Bilderatlas), indem die Filmfragmente ‹gleichzeitig› nebeneinandergestellt und dadurch wie Bilder vergleichbar gemacht sind, mit einem linearen Zugang, indem die Filmausschnitte in den einzelnen Verkettungen hintereinander ‹montiert› sind und in ihrer Zeitlichkeit rezipiert werden können. Das Medium Film wird gewissermaßen als Bild und Text, als Nebeneinander und Abfolge von Bewegtbildern erschlossen.

Wie die Bildtafeln ermöglicht es auch diese nichtlineare DVD-Struktur, ein Problem oder eine Fragestellung in verschiedene Richtungen zu verfolgen, Filmausschnitte tauchen in verschiedenen Kontexten erneut auf, werden gewissermaßen ‹umgruppiert›. Auch hier steht das Material *für sich*, die Verknüpfungen werden nur in einem Begleitheft knapp kommentiert und fordern den Nutzer zu eigenen Beobachtungen und Überlegungen heraus. Indem die Filmausschnitte zudem einzeln angesteuert werden können, lädt die DVD dazu ein, selbst tätig zu werden, neue Anordnungen zu suchen und damit das Thema der Perspektive weiter zu erforschen. Obwohl die DVD also als didaktisches Instrument angelegt ist, versteht Bergala sie auch als ein Forschungsinstrument, das wie Warburgs Forschung auf einem induktiven Vorgehen basiert:

«Ich würde versuchen, über eine schwierige Frage nachzudenken, indem ich mit einer anderen Untersuchungsmethode [als die Übertra-

---

6 Eine ausführlichere Beschreibung der DVD findet sich in Henzler 2009. *Point de vue* ist hier mit Perspektive übersetzt, in einem weiteren Sinne, der von dem konkreten Kamerastandpunkt bis hin zur Erzählperspektive reicht.

gung literaturwissenschaftlicher Kategorien auf den Film] experimentierte. Ich würde nicht von bereits vorhandenen, unvollständigen und verstreuten Texten zum Thema ausgehen (die mir im Übrigen bekannt waren), sondern von den Filmen selbst.» (Bergala 2010, 61)

Zugleich reflektiert Bergala auch die Rolle der Vermittler_in bzw. Forscher_in bei dieser Praktik der Bild-Montagen. Sie steht nicht mehr als begleitende Kommentator_in neben dem Material – wie Warburg in seinen Vorträgen –, sondern schreibt ihr Wissen «als Leerstelle» in die Struktur der Verknüpfungen ein (Bergala 2010, 60) und bietet damit den Nutzer_innen eine größere Freiheit, im Umgang mit dem Material eigene Schlüsse zu ziehen. Die DVD als Unterrichstmaterial beinhaltet gewissermaßen die Dreieckskonstellation des Vermittlungsprozesses.

Die Methode der Fragment-Verkettungen erweist sich damit als besonders gut geeignet, die Ebenen der Ästhetik und der Intertextualität/Ikonologie miteinander zu verbinden. Sie bietet Raum für eine individuelle Auseinandersetzung mit dem Material als ästhetische Ausdrucksform (Beziehung Rezipient_in-Film) und kann für film- und kulturgeschichtliche Zusammenhänge (Beziehungen zwischen Filmen/Bildern) sensibilisieren. In ihr können – wie am Beispiel des Bilderatlas oder der DVD LE POINT DE VUE deutlich wurde – Prozesse des Forschens und der Vermittlung ineinandergreifen. Dabei ist es – gerade im schulischen Kontext – sicher nicht möglich, komplexe Forschungen nachzuvollziehen. Dennoch eignet sich die Methode der Fragment-Verkettung sehr gut, um durch stichprobenartige Vergleiche ein grundlegendes Bewusstsein zu wecken für die ästhetische Differenzierung des Mediums Film und die Beziehungen zwischen Bildern. Dies soll im Folgenden an einem Beispiel erläutert werden.

Bild-Verknüpfung am Beispiel von GRIGRIS (Mahamat Saleh-Haroun)

Als Beispiel schlage ich die Konfrontation eines Filmstills des Films GRIGRIS (F/TSA 2013) von Mahamat Saleh-Haroun mit dem Gemälde *Die Geburt der Venus* von Sandro Botticelli (*La nascita di Venere*, I 1485/86) vor (Abb. 1–2). Diese Gegenüberstellung ist eine intuitive Konstruktion, die auf der ins Auge fallenden formalen Ähnlichkeit der beiden Darstellungen einer schönen Frau beruht: die verschobene Haltung auf ein Standbein, die fließende, runde statt stabile, gerade Formen hervorbringt, die symbolische Kaschierung der Nacktheit durch Tuch oder Haar, der Hintergrund des Meeres (als mythischer Ursprung oder Urlaubsidyll). Der Vergleich basiert nicht auf dem filmwissenschaftlichen Nachweis einer direkten Einflussbeziehung oder auf einer breiter angelegten kulturwissenschaftlichen Kontextforschung. Dennoch möchte ich im Folgenden zeigen, dass eine solche assoziative Gegenüberstellung für den Vermittlungskontext produktiv sein kann, insofern sie ein spezifisches Thema (Darstellung von Weiblichkeit oder Schönheit) einführt und eine Reihe von Fragen aufwirft.

Montage als Geste der Vermittlung

1–2 Bilder der Schönheit

Diese Fragen können in zwei Richtungen weisen. Einerseits kann der Film als Kontext befragt werden: Das Bild der Frau entsteht in einer Szene, in der die männliche Hauptfigur (Grigris) erstmals der Frau (Mimi) begegnet, in die er sich verlieben wird. Er macht Fotos von ihr für einen Schönheitswettbewerb (Abb. 3–6). Über den Vergleich mit *Die Geburt der Venus* kann das ‹Zum-Bild›- Werden der Frau reflektiert werden, das im Filmstill auch durch die schwarze Rahmung markiert wird: Inwiefern hat Liebe etwas damit zu tun, sich ein Bild vom anderen zu machen? Inwiefern ist die Wahrnehmung der schönen Frau von Klischeebildern geprägt? Und konkreter auf den Film bezogen: Wie wird die Figur von Mimi durch die Bilder bestimmt, die sich andere von ihr machen, und wie kann sich im Laufe des Films eine Beziehung herstellen, wenn offensichtlich wird, dass sie dem Bild/den Bildern gar nicht entspricht? Um diese Fragen dicht am Film zu verfolgen, können andere Szenen gesucht und miteinander verglichen werden, die das Verhältnis der beiden Figuren zueinander zeigen, die ähnliche

3–6 Der Blick auf die Frau

Blickkonstellationen oder die Produktion von Bildern inszenieren. So folgt beispielsweise auf das Fotoshooting eine Szene in der Dunkelkammer, in der das Bild von Mimi sich buchstäblich unter den Augen von Grigris entwickelt. «Ich bin zu schön – wie haste das gemacht?», wird sie ihn später fragen. Damit lässt sich die Analogie zum Bild der Venus – als ‹schaumgeborenes› Geschöpf des Göttervaters Chronos – und als von (männlichen) Künstlern geschaffenes (weibliches) Idealbild, die Frage nach dem Verhältnis von Begehren, Schönheit und Bildproduktion weiterverfolgen. Im Vergleich weiterer Szenen mit dem Paar zeigt sich zudem, dass die Annäherung der beiden Figuren zunächst über eine Umkehrung und schließlich die Überwindung des voyeuristischen Blicks erfolgt: Die Frau gibt den Blick zurück, der Mann wird (als Tänzer) selbst zum Objekt des Schauens (und Begehrens), bevor beide innerhalb einer Einstellung zueinander finden. Über die formale Blickbeziehung verhandelt der Film also die Situation der Figuren, die beide in den Blicken/Bildern von anderen gefangen sind und sich von den Fremd-Bildern befreien müssen, um zusammen glücklich zu werden. Gerade im Vergleich mit *Die Geburt der Venus* werden damit auch grundsätzliche Fragen zum Verhältnis von Blick-Bild, Mann-Frau, Individuum-Gesellschaft anschaulich, die dieser Konstellation zugrundeliegen.

Damit wären wir bei der zweiten Richtung, in die die von der Konfrontation Bild/Filmstill aufgeworfenen Fragen weisen können: Auch die Kulturgeschichte kann als Kontext befragt werden. Die Ähnlichkeit aktueller Klischeebilder der schönen Frau, die sich im Filmstill manifestieren, mit weit in die Kulturgeschichte zurückreichenden Weiblichkeitsbildern verweist auf die kulturelle Verankerung von Schönheitsidealen. Zugleich wirft gerade der Kontrast der schwarzhäutigen Frau mit krauser Frisur zur weißhäutigen Frau mit blonder Mähne Fragen auf: Inwieweit ein offensichtlich aus der europäischen Kulturgeschichte stammendes Schönheitsbild im Zusammenhang der Globalisierung auch in der ehemaligen französischen Kolonie Tschad wirksam ist und welche Machtverhältnisse – nicht nur zwischen Mann und Frau, sondern auch zwischen Kulturen – sich hier in Bildern spiegeln. Nicht zuletzt befragt diese Bild-Montage auch unsere eigenen Vorstellungen darüber, was wir unter Schönheit verstehen und inwiefern diese von kulturellen Bildern geprägt sind. Diese Fragen könnten durch die Suche (der Lernenden) nach weiterem Bildmaterial verfolgt werden. An weiteren Darstellungen der Venus oder anderer weiblicher Idealbilder der europäischen Kulturgeschichte; an Bildern von zeitgenössischen Schönheitswettbewerben oder an Weiblichkeitsbildern aus der Kultur des Tschad kann der Blick auf die kulturellen Kontexte differenziert und diese genauer untersucht werden. Dabei wird ein Bewusstsein für die Unterschiede aber auch die komplexen Wechselbeziehungen zwischen kulturellen Bilderrepertoires und ihren Einfluss auf die jeweilige Wahrnehmung geweckt. Denn eigentlich müsste nicht von *einem* imaginären Museum, sondern vielmehr

Montage als Geste der Vermittlung

7 Mimi und Grigris: Befreiung von der Fremdbestimmung

von *vielfältigen* imaginären Museen die Rede sein, die jede Kultur, ja jede_r einzelne mit sich bringt, und die sich gegenseitig überlagern.

Diese Hybridität (der Bilderrepertoires) wird in GRIGRIS gewissermaßen in der Figur der Mimi mitverhandelt. Ihre helle Hautfarbe markiert sie im Tschad als andere, als ‹Mischlingskind› eines weißhäutigen (französischen) Vaters. Die krausen Haare erweisen sich als Perücke, mit der sie diesen ‹Makel› zu kaschieren versucht. Das Lösen ihrer langen glatten Haare, die eher dem Bild der Venus entsprechen, geht einher mit ihrer Befreiung von ihrer gesellschaftlichen ‹Entfremdung›, der Fremdbestimmung durch die Bilder der anderen (Abb. 7). Dies geschieht zu einem Zeitpunkt, als der Schönheitswettbewerb für die Figur und deren (Selbst-)Inszenierung schon seine Bedeutung verloren hat. Diese Hybridität der Figur gilt auch für den Film selbst, der mit Geldern aus Frankreich und Tschad produziert und einem Regisseur gedreht wurde, der aus dem Tschad kommt, in Frankreich studiert hat und dort seither lebt. Sie spiegelt die Hybridität des afrikanischen Kinos, das meist auch den Blick der ehemaligen Kolonisatoren und heutigen Geldgeber in sich aufnehmen und sich dazu verhalten muss.

Die Verknüpfung von Bildern und Fragmenten fungiert hier – wie in Bezug auf Warburg beschrieben – als eine «gegenseitige Selbstbeleuchtung», die von den Bildern selbst ausgeht. Sie kann dazu dienen, zuvor erforschte, konkret nachweisbare Einflussbeziehungen, stilgeschichtliche oder kulturelle Kontexte zu erschließen (vgl. z.B. Desbarats 2009). Sie kann aber – wie in dem Beispiel ausgeführt – auch Ausgangspunkt für Fragen sein, die die Bilder/Fragmente gewissermaßen gegenseitig an sich stellen. Sie kann als analytische Methode eingesetzt werden, die ästhetische Strategien von Filmen erschließt und sie im Bezug zu möglichen Kontexten deutet. Sie kann insbesondere für die Wirksamkeit des imaginären Museums und seine Relativität sensibilisieren, dafür, dass wir Bilder immer in Bezug zu anderen imaginär abrufbaren Bildern, Filmen und Texten wahrnehmen. Die Bild-Montage macht anschaulich, dass ein Bild neben ein anderes gestellt seine Bedeutung ändert und dass das imaginäre Museum jedes einzelnen sich in dieser Weise kontinuierlich entwickelt.

3. Filmpraxis: Montage als Denkbewegung

Das Verknüpfen von Bildern oder Filmausschnitten als Forschungs- und Vermittlungsprozess verweist nicht zuletzt auf das Medium Film selbst. Neben der Aufnahme ist die Montage von bewegten Bildern und Tönen die grundlegende Geste der Filmpraxis. Mit Montage werden in Filmen Geschichten erzählt, Realitäten hergestellt, Zeiten und Räume konstruiert, Aussagen getroffen, Stimmungen und Rhythmen erzeugt. Bereits die russische Avantgarde der 1920er-Jahre hat die Montage als einen Prozess des Denkens und als sprachliche Äußerung beschrieben und in ihren Filmen erprobt. W. Pudowkin argumentiert, dass jeder Denkprozess darin bestehe, Verbindungen herzustellen, und dass daher die Montage im Film als eine Form der Reflexion zu verstehen sei:

> «Wenn wir die Montage im allgemeinsten Aspekt als Aufdeckung innerer Zusammenhänge definieren, die in der realen Wirklichkeit existieren, dann setzen wir gewissermaßen ein Gleichheitszeichen zwischen sie und jeden Denkprozess in einem beliebigen Gebiet.» (Pudowkin 2003, 83)

Und Sergej M. Eisenstein postuliert «das Nebeneinanderstellen zweier Aufnahmen durch den Zusammenschnitt stellt nicht nur die Summe von einer Aufnahme plus einer weiteren dar – sondern ist eine Neuschöpfung» (Eisenstein zit. n Reisz/Miller 1988, 33). Nicht zu vergessen ist die Montage von Bewegtbild und Ton, die insbesondere das Verhältnis von Wort und Bild im Medium selbst verhandelt und damit auch den Diskurs des Vermittlers integrieren kann.

Montage ist ein analytischer *und* konstruktiver Prozess im audiovisuellen Medium Film, der Bedeutungen herstellen kann. Anders als in den bisher beschriebenen Bild-Verknüpfungen steht in der filmischen Montage jedoch nicht nur das Prinzip des Vergleichs – also eine paradigmatisch vorgehende Operation – im Zentrum. Denn Film ist zwar ein visuelles Medium – mit dem Grundelement des Bildes als Raumanordnung – es entwickelt sich aber zudem linear in der Zeit. Das heißt die Montage funktioniert primär syntagmatisch, als eine festgelegte Abfolge von Verknüpfungen. Die Verknüpfungen basieren nicht nur auf Differenz und Ähnlichkeit, sondern auch auf einer narrativen oder argumentativen Logik, oder auch auf musikalischen Korrespondenzen. Montage erzählt Geschichten oder kommentiert. Montage ist ästhetische Gestaltung. Dies erweitert die Möglichkeiten der Filmvermittlung und lenkt sie zudem in neue Richtungen. Denn das

Montage als Geste der Vermittlung

Knüpfen von Verbindungen kann somit nicht nur als Tableau in einem kunstwissenschaftlichen Sinn gedacht werden, sondern auch als eine lineare Verkettung, die der Zeitlichkeit und Klanglichkeit des audiovisuellen Mediums entspricht: Sie findet sich innerhalb von Filmen, aber beispielsweise auch in kuratierten Filmprogrammen (vgl. Bachmann 2013).

Wie Montage im Film als analytisches Instrument eingesetzt werden kann, soll im Folgenden an WHY DON'T YOU LOVE ME? von Christophe Girardet und Michael Müller (D/GB 1999) aufgezeigt werden.[7] Es handelt sich dabei nicht um eine Dokumentation zur Filmgeschichte, sondern um einen experimentellen Film, der zugleich Film(geschichte) vermittelt. Er kann somit dem Genre der filmvermittelnden Filme zugeordnet werden. Filmvermittelnde Filme sind Filme, die «eine Auseinandersetzung mit dem Kino [führen], die sich der Mittel des Kinos bedient: Montage laufender Bilder und Töne» (Baute/Pantenburg/Schlüter/Petke 2008, o.S.). Der Found-Footage-Film WHY DON'T YOU LOVE ME? gehört zu einer 6teiligen Videoarbeit namens PHOENIX TAPES (D/GB 1999), die anlässlich der Ausstellung Notorious: Alfred Hitchcock and Contemporary Art am Oxford Museum of Modern Art produziert wurde und selbst Ausstellungsobjekt im Kunstraum war. Darin werden Ausschnitte aus 40 Filmen Alfred Hitchcocks nach wiederkehrenden Mustern und Motiven montiert und gewissermaßen einer Revision unterzogen. Der gewählte zehnminütige Teil WHY DON'T YOU LOVE ME? widmet sich der wiederkehrenden Mutter-Sohn-Konstellation in Hitchcock-Filmen, in der – so die von der Montage nahegelegte Lesart – besitzergreifende Mütter ihre Söhne (oder Töchter) zu kriminellen Handlungen treiben.

WHY DON'T YOU LOVE ME? ist auf den ersten Blick eine Werkanalyse mit ungewohnten Mitteln. Diese basiert zunächst einmal auf der – bereits ausführlich erörterten – *Methode des Vergleichs*. Müller/Girardet stellen Filmausschnitte mit ähnlichen Situationen, Motiven, Gesten, Dialogen nebeneinander und richten dadurch den Blick auf wiederkehrende Konstellationen in Hitchcocks Filmen. Wir sehen dubiose männliche Figuren, die verunsichert wirken und im Zwielicht stehen. Wir sehen selbstbewusste ältere Frauen, die Macht und Einfluss über die männlichen Figuren – ihre Söhne? – auszuüben scheinen. Wir sehen junge Frauen, die ihren eher abweisenden Schwiegermüttern vorgestellt werden. Wir sehen Männer und Frauen, die mit ihren Müttern telefonieren, oder auch Hände, die sich verkrampfen, als wären sie bereit zum Mord. Hier wird ähnlich der kunstwissenschaftlichen Strategien eine *Motivforschung* im Werk Alfred Hitchocks betrieben.

---

7 Der Film ist verfügbar auf der DVD 40JAHREVIDEOKUNST Teil 9 (1999–2001, Hg. Christoph Blase, Peter Weibel, 2010). Siehe http://www.40jahrevideokunst.de/main.php?p=2&n1=7&n2=1 (14.2.2014)

Die Reihung dieser ähnlichen Motive und Konstellationen verweist nicht nur auf bestimmte motivische Konstanten in Hitchcocks Filmen, sondern sie spitzt diese zu und bringt sie zur Geltung. Indem sie aus dem Kontext der Filmplots, der sie narrativ motiviert, herausgerissen werden, sieht man sie mit anderen Augen. Details erscheinen wie unter der Lupe vergrößert, ihre psychologischen oder symbolischen Subtexte treten zu Tage. Wenn beispielsweise eine Reihe von Figuren gezeigt werden, die offenbar mit ihrer Mutter telefonieren und dabei ins Stottern geraten oder sich unbehaglich zu fühlen scheinen, dann wird diese Alltagshandlung zum Bild einer gestörten Beziehung oder zum Zeichen der mütterlichen Kontrolle und Einflussnahme aus der Ferne. Dieser Effekt entsteht aber nicht allein durch den Vergleich der motivähnlichen Bilder, sondern auch durch den Kontext, innerhalb dessen sie platziert sind: Die Telefonszenen folgen auf mehrere Szenen, in denen von der eifersüchtigen, «clinging, demanding mother» die Rede ist, was dem Telefonanruf der Mutter ein Moment der Überwachung und Allgegenwärtigkeit verleiht. Es geht also auch hier um eine *Dekontextualisierung* und *Neukontextualisierung*, die Zusammenhänge sichtbar macht und Deutungen nahelegt. Dabei kommt jedoch, zusätzlich zur kunstwissenschaftlichen Methode des Vergleichens und Gegenüberstellens, hier auch die filmspezifische narrative Funktionsweise der Montage zum Zuge.

Denn die gegenseitige Kommentierung des Materials basiert in WHY DON'T YOU LOVE ME? auf der geschickt gewählten Abfolge der Ausschnitte, die selbst wie eine Geschichte funktioniert. Müller/Girardet verwenden gezielt die Regeln des ‹unsichtbaren Schnitts›, einer *narrativen Montage*. Der Film als Ganzes ist wie eine geschlossene Erzählung mit einem Spannungsbogen und einem Happy End geschnitten. Er beginnt mit dem Rufen eines Mannes nach der Mutter, führt die Beziehung der beiden Hauptfiguren Mann und Mutter (ältere Frau) als zentralen Konflikt ein, um dann eine Reihe sich steigernder Konfrontationen zu zeigen, die in Fantasien des Muttermordes gipfeln und sich am Ende im Lachen der Mütter (und den ratlosen Blicken der Söhne) als einem Happy End scheinbar in Wohlgefallen auflöst. Diese narrative Montage ist insbesondere auch in der Mikrostruktur des Films wirksam. Die meisten Einstellungen und Szenen sind nach Blickanschlüssen (oder auch dem Schuss-Gegenschuss-Prinzip) geschnitten. Es entsteht so der Eindruck, dass die Figuren aus verschiedenen Filmen sich aufeinander beziehen, miteinander kommunizieren. Oftmals ist dies auch gekoppelt an korrespondierende Dialogzeilen, die von einem Ausschnitt in den nächsten hinüberzureichen scheinen. Wenn beispielsweise in einer Einstellung eine korpulente, frontal zur Kamera sprechende Frau mit Hut und Zigarette in der Hand fragt: «Have you been doing something you shouldn't?», und in der darauffolgenden Einstellung ein Mann sich mit zweifelndem Blick abwendet und eine Treppe hochsteigt, dann scheint der Satz an ihn gerichtet zu sein, auch wenn es sich um Szenen aus verschiedenen Filmen handelt (Abb. 8–9). Kennt man den Film, aus dem der zweite Ausschnitt stammt,

Montage als Geste der Vermittlung

8–9 «Have you been doing something you shouldn't?»

SHADOW OF A DOUBT (USA 1943), dann wirkt die Montage doppelbödig und zugleich witzig. Denn es handelt sich um einen skrupellosen Frauenmörder, der sich dort scheinbar schuldbewusst unter dem Blick einer imaginären Mutter abwendet. Müller/Girardet ‹verkleinern› in der Montage seine Morde zu den Untaten eines Kindes und legen damit zugleich eine psychologische Deutung dieser Figur nahe, die in dem Film selbst nicht explizit vorhanden ist. Dort gibt es keine Mutter, nur eine übermäßig liebevolle ältere Schwester und einen scheinbar unbegründeten Hass der Hauptfigur auf «hässliche, fette, alte» Frauen. Girardet/Müller nutzen also die Regeln der narrativen Montage für eine Kommentierung der Filmausschnitte. Diese Kommentierung appelliert zugleich an das Wissen über die Filme, aus denen die Ausschnitte stammen. Sie fungiert gleichermaßen als Deutung dieser Filme, wie die Filme als abrufbare *Kontexte* in den Prozess der Neuordnung hineingreifen. Die Montagestrategie arbeitet hier gewissermaßen mit dem Hitchcock-Universum als imaginäres Museum, über das die Zuschauer mehr oder weniger verfügen.

Ein Beispiel dafür, dass das Ineinandergreifen von Narration und Deutung auch unabhängig von diesem Kontextwissen funktioniert, ist der Anfang des Films. Hier sieht man einen sitzenden Mann (im Profil kadriert), der nach der Mutter ruft, gegengeschnitten mit einem Bett. Die Montage suggeriert, dass er sich neben diesem Bett im gleichen Zimmer befindet. Im geloopten ‹Schuss-Gegenschuss› zwischen Mann und Bett ist das Bett mehrfach leer, nur mit dem Abdruck eines menschlichen Körpers zu sehen, bevor schließlich eine Frau darin liegt, die sich zur Kamera wendet und fragt: «Why are you up so early? Something is wrong?» (Abb. 10–13). Auch hier handelt es sich offenbar um Einstellungen aus verschiedenen Filmen, die eine szenische Einheit zu bilden scheinen. Das erkennt man daran, dass die Betten sich unterscheiden, selbst wenn man die Filme NOTORIOUS (USA 1946): Mann und Mutter im Bett, und PSYCHO (USA 1960): leeres Bett mit Abdruck der toten Mutter, nicht kennt. Die geloopten Rufe des Mannes und der wiederholte Schnittwechsel zwischen Mann, leerem Bett und Mutter im Bett gibt dem Film zugleich

10–12 «Mother, Mother.»

13 «Why are you up so early?»

seine thematische Richtung vor: Hier geht es offenbar um den Appell an jemanden, der abwesend ist und fehlt bzw. um jemanden, der auch dann anwesend und übermächtig ist, wenn er physisch abwesend ist. Der Abdruck der Mutter scheint auf der Psyche der Protagonisten zu lasten. Hier ist also bereits in den ersten Schnittfolgen die in WHY DON'T YOU LOVE ME? verhandelte Grundkonstellation skizziert: die possessive Mutter bzw. die Unfähigkeit des Sohnes, sich von der Mutter zu lösen, als Ursache für eine scheiternde Individuation.

Über die *Ton-Bild-Montage* verdichtet sich diese gegenseitige Kommentierung des Materials zu einer *theoretischen Deutung*, die anschließt an die Psychoanalyse. So gibt es in den Ketten von Motiven oder gleichartigen Situationen häufig eine Szene, in der ein Grundkonflikt von einer der Figuren explizit ausgesprochen wird und die das zu deuten scheint, was wir vorher in den Filmausschnitten gesehen haben. Eine zentrale Funktion hat hierbei die wiederkehrende Figur des Polizeipsychologen aus PSYCHO, der die psychologischen Ursachen des Muttermordes erläutert und den verschiedenen Motivketten damit gewissermaßen die Grundthemen vorgibt. Nach dessen Aussage «matricide is the most unbearable crime of all» scheinen alle folgenden Einstellungen, in denen Männer mit verkrampfenden Händen gezeigt werden, nicht nur als Ausdruck eines Mordimpulses, sondern dieser auch motiviert durch den Wunsch, die Mutter zu töten (unabhängig davon, wer tatsächlich das Opfer ist). Damit wird der ödipale Konflikt als narrative Grundstruktur und psychologische Konstellation der Kriminalhandlungen in Hitchcocks Filmen gedeutet. Diese psychoanalytische Deutung wird jedoch nicht – wie in klassischen wissenschaftlichen Texten – als Meta-Theorie etabliert, der das filmische Material als Beleg dient, sondern im Material selbst aufgespürt. Die Montage funktioniert als Theoriebildung, indem sie an die psychoanalytischen Kenntnisse der Zuschauer appelliert.

Neben diesen ‹horizontalen› Bild-Tonmontagen gibt es auch eine ‹vertikale› Bild-Tonmontage. Dem ganzen Film sind drei musikalisch-rhythmische Leitmotive unterlegt, die die Bildebene kommentieren und kontrastieren, ihr aber auch Stimmung und Atmosphäre verleihen: die Loop-artige Wiederholung des Rufes «Mother, Mother» vom Anfang des Films (NOTORIOUS), ein seltsam mechanisch klingender Kinderchor mit «Mother, Mother I am ill» (MARNIE, USA 1964) und, am Ende, das Lied *Que sera, sera*, das Doris Day in THE MAN WHO KNEW TOO MUCH (USA 1956) singt. Selbst wenn diese Klänge aus Hitchcock-Filmen stammen, werden sie hier doch als ein eigenständiger Soundtrack montiert. Ein besonders wirksamer ironischer Kontrast ist die Unterlegung einer unheimlichen Kamerafahrt auf das sorgenvolle Gesicht eines in Decken eingehüllten, die Kamera fixierenden Mannes – des gefangenen Mörders aus PSYCHO – mit dem beschwingten Song *Que sera, sera*: «When I was young, I asked my mother, what will I be, will I be pretty, will I be rich, here's what she said to me.» (Abb. 18) In Bezug auf die entsprechende Szene aus PSYCHO enthält das Bild bereits eine Antwort auf die Frage, die die sorglose Stimmung des Songs konterkariert: Er wird zum Mutter-Mörder.

14–17 «Matricide is the most unbearable of crimes»

18 «When I was young, I asked my mother, what will I be?»

Diese effektvolle Bild-Ton-Montage weist dem Moment eine zentrale Stellung innerhalb von WHY DON'T YOU LOVE ME? zu, der Film PSYCHO erscheint – auch aufgrund der leitmotivischen Funktion des Polizeipsychologen als Kommentator – als die Folie, vor deren Hintergrund die anderen Film(ausschnitte) gedeutet werden. Die mit dem Song *Que sera, sera* vermittelte Stimmung kontrastiert zudem mit den eher psychodelisch oder obsessiv wirkenden anderen Tonmotiven und den Montagen zum MutterMord. Sie nimmt zugleich das (ambivalente) ‹Happy End› des Film vorweg: Denn die Mutter ist in WHY DON'T YOU LOVE ME? am Ende nicht tot, sondern diejenige, die zuletzt lacht. Diese Eigendynamik des Soundtracks veranschaulicht besonders eindrücklich, dass die Montage nicht nur als Instrument der Analyse und Kommentierung fungiert, sondern dem Filme eine eigene Rhythmik und Atmosphäre verleiht – dass die *Montage eine ästhetische Dimension* hat.

Diese skizzenhaften Ausführungen zu WHY DON'T YOU LOVE ME? haben gezeigt, wie Montage als ein Forschungsinstrument eingesetzt werden kann, das in ganz unterschiedliche Richtungen ‹ermittelt›. Man könnte diesen Film als eine Werkanalyse bezeichnen, in der Hitchcocks Filme über häufig wiederkehrende Motive erschlossen wird – wie es beispielsweise erst kürzlich eine wissenschaftliche Arbeit in Buchform *Hitchcock's Motivs* (vgl. Walker 2005) vornahm. Man könnte ihn als eine Strukturanalyse der zitierten Filme lesen, die gewissermaßen die zugrundeliegende psychische Konstellation freilegt und die Hauptfiguren psychologisch deutet. Müller/Girardet weisen – ganz im Sinne von Eric Rohmer – nach, dass die Filme von Hitchcock ein «inneres Kino» sind, dass die vordergründigen Kriminalplots eigentlich psychische Konflikte verhandeln (zit. n. de Baecque 2003, 113). Dabei schließen sie einerseits an psychoanalytische Deutungen von Filmplots an, andererseits auch an die Gender-Forschung, da die misogyne Grundstruktur dieser Plots offengelegt wird. Der Film lässt sich als werkbiografische Analyse in Hinblick auf den Regisseur und seine «obsessions» verstehen (Searle 1999). Er kann aber auch – wie Thomas Elaesser anmerkt – als Essay zur Psychoanalyse verstanden werden. Nicht zuletzt verhandelt der Film – gerade weil er die Techniken der Kontinuitätsmontage des klassischen Hollywoodkinos virtuos einsetzt, die Bedingungen unserer Schaulust, das Kino selbst:

> «These montages, in other words, not only reveal the rough and hidden underside of Hollywood's smooth continuity system, but also why this underside is necessary, in order for us to be captured, hooked, drawn in, often against our will. It explains why not only Hitchcock's villains are more fascinating than his heroes: they have a richer and more conflicted ‹cinematic unconscious›, and while their drives and compulsions are essential to propel the action, their actions are ultimately taken on our behalf. In this respect, #4 Why Don't You Love Me? is a question Hollywood (through Müller/Girardet's Hitchcock) addresses to us, in the form of a tease: ‹don't you just love me, in spite of yourself?›» (Elsaesser 2013)

WHY DON'T YOU LOVE ME? ist ein Beispiel für die Erforschung und Vermittlung von Hitchcocks Filmen mit den Mitteln der Montage, er ist aber auch ein eigenständiges Werk. Er erzählt in zehn Minuten eine Geschichte mit einem Spannungsbogen und einem Happy End. Er konstruiert Dialoge und Handlungen und appelliert dabei an unsere Fantasie. Er hat die Züge eines Horrorfilms, ebenso wie einer Komödie. Er lenkt über die Musik unsere Stimmung – von Unbehagen bis zu Freude. Er funktioniert als witziger, gewitzter Essay mit einer stringenten Argumentation. Er deutet das Material um, indem er dessen misogyne Tendenzen durch die lachenden Frauen am Ende aufhebt. Er hat einen eigenen Rhythmus. Er ist charakterisiert durch Geschlossenheit und Offenheit: Geschlossenheit, insofern er auch denjenigen Vergnügen bereiten kann, die die Filme nicht oder nur zum Teil kennen. Offenheit, insofern er gerade aufgrund seines fragmentierten Charakters in vielfältige Richtungen Kontexte erschließt. Er lädt dazu ein, die Filmausschnitte zuzuordnen: die Filme, die wir noch nicht kennen, zu recherchieren und zu sehen und die Filme, die wir kennen, noch einmal zu sehen, um die von WHY DON'T YOU LOVE ME? nahegelegte Lesart zu überprüfen. Er lädt auch dazu ein, selbst Hand anzulegen und durch einen eigenen Recut eine andere Lesart der Filme hinzuzufügen.

Bettina Henzler

WHY DON'T YOU LOVE ME? und andere filmvermittelnde Filme bieten Anregung, wie die analytische und konstruktive Praxis der Montage für die Filmvermittlung fruchtbar gemacht werden kann. Michael Baute und Stefan Petke haben diese Praktik in einer Reihe von Workshops an Universitäten erprobt. Die Studierenden erschließen sich dabei Filme (in dem Fall nur einzelne Filme, keine Gesamtwerke), indem sie eigene filmvermittelnde Filme produzieren. Dabei ist das Herausgreifen und Vergleichen von Filmauschnitten, insbesondere aber die Praxis des Montierens ein wichtiges Prinzip der Forschung. Ebenso wichtig ist die Frage nach dem Verhältnis von Wort und Bild, die in diesem Fall in der Filmproduktion selbst verhandelt und reflektiert wird. Baute/Petke betonen in ihren Ausführungen zu diesen Vermittlungsworkshops die didaktische Bedeutung des die Montage kommentierenden eigenen Textes – der in dem gewählten Beispiel vom Girardet/Müller vollkommen fehlt. Im Austarieren von Bild und Text kann das Verhältnis von Material und eigener Deutung zum Ausdruck kommen:

> «Das ist letztlich die Schwierigkeit: eigene Worte an Bilder anzupassen, in Korrespondenz mit Bildern zu denken und zu produzieren. Die Idee dieser Seminare ist ja schließlich, dass diese beiden Herangehensweisen – Bildbearbeitung und Textproduktion – zu einer Form werden. Die Form muss nicht einheitlich sein, fremdes Bild und eigener Text sollen aber in ein Verhältnis eintreten.» (Baute/Petke 2013)

Die im Vergleich von GRIGRIS und *Die Geburt der Venus* sowie in der Analyse von WHY DON'T YOU LOVE ME? veranschaulichten Vermittlungsmethoden des «Fragmente in Beziehung Setzens» und des Montierens entsprechen den in diesem Text vorgetragenen Prinzipien der Filmvermittlung. Das Material selbst ist Ausgangspunkt eines Lern- und Forschungsprozesses. Die Lernenden erforschen das Medium, indem sie ihre Aufmerksamkeit auf konkrete Gegenstände richten und diese (ausschnitthaft) miteinander vergleichen. Im Falle der Produktion von filmvermittelnden Filmen erproben sie in der Montage zugleich auch filmische Funktionsweisen. Sie bringen das audiovisuelle Material mit seinen eigenen Mitteln zur Geltung und Anschauung. Die Vermittlungsbeziehung gestaltet sich dabei als eine Dreiecksbeziehung zwischen Lehrenden-Material-Lernenden, die die Dominanz eines bereits vorhandenen Wissens relativiert und einer individuellen ästhetische Rezeptionsweise Raum bietet. Diese Dreiecksbeziehung manifestiert sich in der Geste des Zeigens auf Fotos und Filmstandbildern in den Texten von Roland Barthes, ebenso wie in der Auswahl und Zusammenstellung von Bildverkettungen im Bilderatlas von Aby Warburg oder den DVDs mit Fragment-Verkettungen von Alain Bergala. Sie wird in der Produktion von filmvermittelnden Filmen radikalisiert, da nicht mehr die Lehrende/Vortragende die Ausschnitte wählt, zusammenstellt, zur Anschauung bringt, sondern die Lernenden sich durch die eigene Auswahl und Montage Zugänge zum Medium oder zu einer Fragestellung schaffen. Der Vergleich und die Montage von Fragmenten basiert nicht nur auf einem ästhetischen Zugang zum Material, er bringt auch intertextuelle/ikonologische Bezüge ins Spiel. Durch Neukontextualisierung können Verbindungen – beispielsweise Einflussbeziehungen oder kulturgeschichtliche Zusammenhänge – sichtbar gemacht werden. Dies kann aber auch als Konstruktion und Ausgangspunkt von Fragestellungen fungieren, indem Bilder durch andere Bilder befragt werden. Dabei wird für die Funktionsweise eines imaginären Museums selbst sensibilisiert: dafür, dass sich die Wahrnehmung von Bildern/Filmen/Texten je nach Kontext ändern. Das imaginäre Museum wird als ein audiovisuelles Repertoire erfahrbar, das jeder abhängig von seinen individuellen und kulturellen Dispositionen abrufen und ins Spiel bringen kann, das sich aber – eben durch Handlungen der Verknüpfung – auch ständig verändert.

In allen erwähnten Vermittlungskonstellationen stellt sich insbesondere die Frage nach dem Verhältnis von Wort und Bild, von Diskurs des Lehrenden und Material. In den Texten von Roland Barthes oder den Vortragspraktiken von Aby Warburg zeigt sich der Versuch, das Material nicht durch einen Wissensdiskurs zu ersetzen, sondern vielmehr den Diskurs entlang des Materials zu führen und dieses zu kommentieren. Im DVD-Konzept von Alain Bergala tritt das Material selbst an die Stelle des Diskurses: Der Diskurs schreibt sich in die Verkettungen ein und wird durch diese erst produziert. Im filmvermittelnden Film kann der Diskurs wiederum – gerade über die Audiospur – zum Bestandteil des Films werden. Der Film als Hypermedium, das sprachliche und ästhetische Ausdrucksformen verbindet, kann selbst zum Ort der Vermittlung werden (vgl. Pauleit 2006). Im Fall von WHY DON'T YOU LOVE ME? wird der Diskurs im Material selbst aufgespürt, andere filmvermittelnde Filme arbeiten mit einer Kombination aus (externer) kommentierender Stimme und Material. Wenn Lernende filmvermittelnde Filme konstruieren, werden sie selbst mit der Frage konfrontiert, welches Verhältnis (ihr) Text zu dem audiovisuellen Material eingehen soll: Wie kann man das audiovisuellen Material des filmischen Bildes in seiner Eigengesetzlichkeit, durch Verknüpfung mit anderen audiovisuellen Materialien, selbst zum sprechen bringen? Und wie kann man es durch andere Diskurse, die von Texten, von Lehrenden ebenso wie eigene, erschließen und weiterdenken?

Literatur

Bachmann, Alejandro (2013) Zug fahren. Filmvermittlung im Kontext des Filmmuseums. In: *Nachdemfilm Nr. 13, Filmvermittlung*, http://www.nachdemfilm.de/content/zug-fahren (14.2.2014).

Baecque, Antoine de (2003) *La cinéphilie. Invention d'un regard, histoire d'une culture 1944–1968*, Paris: Fayard.

Barthes, Roland (1990 [1982]) *Der entgegenkommende und der stumpfe Sinn. Kritische Essays III*, Frankfurt am Main: Suhrkamp.

- (1985 [1980]) *Die helle Kammer. Bemerkung zur Photographie*, Frankfurt am Main: Suhrkamp.

Baute, Michael/Petke, Stefan (2013) Sehen Sprechen Herstellen. Ein Gespräch über Seminare zur Produktion filmvermittelnder Filme. In: *Nach dem Film* 13, www.nachdemfilm.de, 10.02.2014.

Bazin, André (2004) *Was ist Film?*, hg. v. Robert Fischer, Berlin: Alexander Verlag.

Bergala, Alain (2006 [2001]) *Kino als Kunst. Filmvermittlung an der Schule und anderswo*, hg. v. Bettina Henzler u. Winfried Pauleit, Marburg: Schüren.

- (2010) Die DVD als Instrument einer aktiven Pädagogik und Filmforschung. In: Henzler, Bettina/Pauleit, Winfried/Rüffert, Christine/Schmid, Karl-Heinz/Tews, Alfred (Hg.) *Vom Kino lernen. Internationale Perspektiven der Filmvermittlung*, Berlin: Bertz und Fischer, S. 58–65.

Brinckmann, Christine N./Hartmann, Britta/Kactmarek, Ludger (Hg.) (2012) *Motive des Films. Ein kasuistischer Fischzug*, Marburg: Schüren.

Daney, Serge (2000 [1992]) *Im Verborgenen. Kino Reisen Kritik*, Wien: PVS Verleger.

Elsaesser, Thomas (2005) Cinephilia and the Uses of Disenchantment. In: Valck, Marijke de/Hagener, Malte (Hg.) *Cinephilia. Movies, Love and Memory*, Amsterdam: University Press, S. 27–43.

- (2013): Phoenix Tapes (#4 Why Don't You Love Me?), 1999. In: thomas-elsaesser.com, www.thomas-elsaesser.com/index.php?option=com_content&view=category&layout=blog&id=39&Itemid=70, 10.02.2014.

Fleckner, Uwe (2012) Ohne Worte. Aby Warburgs Bildkomparatistik zwischen wissenschaftlichem Atlas und kunstpublizistischem Experiment. In: Fleckner, Uwe/Woldt, Isabell (Hg.) *Aby Warburg. Bilderreihen und Ausstellungen*, Gesammelte Schriften, Studienausgabe, Zweite Abteilung, Bd. II.2, Berlin: Oldenbourg Akademieverlag.

Henzler, Bettina (2009) Fährten legen. Zu Alain Bergalas filmvermittelnder DVD LE POINT DE VUE. In: *Kunst der Vermittlung*, www.kunst-der-vermittlung.de/dossiers/cinephilie-bergala, 10.12.2012.

- (2013a) *Filmästhetik und Vermittlung. Zu Alain Bergalas Ansatz – Kontexte, Theorie und Praxis*. Marburg: Schüren.

- (2013b) Stadtansichten. Zum Vergleich von Bildern und Filmen als Vermittlungsmethode. In: *Nach dem Film* 13, www.nachdemfilm.de, 10.02.2014.

Isekenmeier, Guido (Hg.) (2013) *Interpiktorialität. Theorie und Geschichte der Bild-Bild-Bezüge*, Bielefeld: transcript.

Kant, Immanuel (2001) *Kritik der Urteilskraft*, hg. v. Heiner F. Klemme, Hamburg: Meiner (Orig. 1790).

Keathley, Christian M. (2006) *Cinephila and History or The Wind in the Trees*, Bloomington/Indiana: University Press.

Malraux, André (1957 [1947]) *Psychologie der Kunst. Das imaginäre Museum*, Hamburg: Rowohlt.

Mitchell, W. J. T. (2008) *Bildtheorie*, hg. v. Gustav Frank, Frankfurt am Main: Suhrkamp.

Paini, Dominique (2014 [noch unveröfftl.]) Film als bildende Kunst. In: Odorico, Stefano/Pauleit, Winfried/Rüffert, Christine/Schmid, Karl-Heinz/Tews, Alfred (Hg.) *Filmerfahrung und Zuschauer*, Berlin: Bertz und Fischer.

Pauleit, Winfried (2004) Der Kinematograph als Zeigestock. In: *Ästhetik & Kommunikation. Ästhetische Erziehung im Medienzeitalter* 125, S. 13–20.

- (2006) Kino/Museum. In: Pauleit, Winfried/Kittlausz, Viktor (Hg.) *Kunst – Museum – Kontexte. Perspektiven der Kunst- und Kulturvermittlung*, Bielefeld: transcript, S. 113–135.

Pudowkin, Wsewolod I. (2003) Über die Montage. In: Albertsmeier, Franz Josef (Hg.) *Texte zur Theorie des Films*, Stuttgart: Reclam, S. 74–96.

Rancière, Jacques (2007 [1987]) *Der unwissende Lehrmeister. Fünf Lektionen über die intellektuelle Emanzipation*, Wien: Passagen Verlag.

- (2008) *Ist Kunst widerständig?*, Berlin: Merve.

Reisz, Karel/Millar, Gavin (1988) *Geschichte und Technik der Filmmontage*, München: Filmland Presse.

Richtmeyer, Ulrich (2009) *Kants Ästhetik im Zeitalter der Photographie. Analysen zwischen Sprache und Bild*, Bielefeld: transcript.

Rivette, Jacques (1989 [1961]) Über die Niedertracht. In: *Cicim* 24/25, S. 147–150.

Rösch, Perdita (2010) *Aby Warburg*, Paderborn: Wilhelm Fink Verlag.

Searle, Adrian (1999) Hitch and Run Tactics. In: The Guardian (20. Juli), www.theguardian.com/culture/1999/jul/20/artsfeatures, 10.02.2014.

Walker, Michael (2005) *Hitchcock's Motifs*, Amsterdam: University Press.

Warburg, Aby (2000) *Der Bilderatlas Mnemosyne*, hg. v. Martin Warnke, Claudia Brink, Gesammelte Schriften, Studienausgabe, Zweite Abteilung, Bd. 1, Berlin: Oldenbourg Akademieverlag.

Wendler, André/Engell, Lorenz (2009) Medienwissenschaft der Motive. In: *Zeitschrift für Medienwissenschaft* 1.

Abbildungsnachweise

1, 3–7: GRIGRIS (F/TSA 2013, R: Mahamat Saleh-Haroun), France Distribution Télévision; 2: Sandro Botticelli: *Die Geburt der Venus* (*Nascita di Venere*) [1483–1485], http://commons.wikimedia.org/wiki/File:Sandro_Botticelli_-_La_nascita_di_Venere_-_Google_Art_Project.jpg; 8–18: WHY DON'T YOU LOVE ME? aus PHOENIX TAPES (D/GB 1999, R: Matthias Müller, Christophe Girardet). In: Rudolf Frieling, Rolf Herzogenrath (Hg.): 40jahrevideokunst.de (Teil 1). Digitales Erbe: Studienedition zur Videokunst in Deutschland von 1963 bis heute (DVD 9, 1999–2001).

Volker Pantenburg/Stefanie Schlüter

Zehn Anmerkungen zur Filmbildung

(1) Filmbildung sollte weder von einem Kanon ausgehen noch in einen Kanon münden. Hartmut Bitomsky in seinem Film PLAYBACK (D 1995): «Es gibt weder alte Filme noch neue. Es gibt nur Filme, die man schon gesehen hat und Filme, die man noch nicht gesehen hat.» Das heißt auch: Um eine besondere Seherfahrung zu machen, ist prinzipiell jeder Film von Interesse; gerade das Ungewohnte schult die Wahrnehmung oft mehr als das Geläufige. Daher sind auch scheinbar marginale filmische Formen wie Experimentalfilme von zentralem Wert, weil in ihnen die Wahrnehmung des Films häufig der Dreh- und Angelpunkt des Films ist.

(2) Da zum Kino nicht nur das Sehen und Hören gehört, sondern prinzipiell der ganze Körper erfasst werden kann, sollte die Filmvermittlung auch physische Erfahrungsmodi einbeziehen. Das gilt besonders für die Arbeit mit Kindern, denn sie spüren einen Film nicht nur im Körper, sondern drücken ihre somatischen Affekte auch aus. Wenn die Bilder zur Musik tanzen, wie bei Filmen von Len Lye oder Mary Ellen Bute, dann tanzen auch die Kinder in ihren Sitzen. Im Kino stellen Kinder sich gern in den Projektionsstrahl, um nach dem Lichtkegel zu greifen oder einen Teil ihrer eigenen Silhouette auf der Leinwand zu sehen. Die Qualität der somatischen Affekte von Kindern sollte wegweisend für die Entwicklung von Vermittlungsfragen werden: Wie dringen die Filme in den Körper ein und wie durchdringen sie ihn? *How do films work on you?*

(3) Die Kinogeschichte liegt im Schnittfeld von optischem, mechanischem und physiologischem Wissen: Man kann dort lernen, wie sich Licht in Linsen bricht und durch Filmkader strömt, wie Zahnräder in Perforationslöcher greifen, wie sich die Bewegungen der Filmrollen in Bewegungen auf der Leinwand transformieren. Diese Vorgänge sind zugleich physisch und metaphysisch, rational nachvollziehbar und magisch, sichtbar und begreifbar, ohne dadurch ihre Faszination einzubüßen. So sehr man das Kino erklären wird, man kann darauf bauen, dass es seine Rätselhaftigkeit nicht verlieren wird.

Zehn Anmerkungen zur Filmbildung

(4) «Cards and drives tell us nothing about the moving images they contain or how those images are registered and reproduced»[1], schreibt Morgan Fisher im Begleitbuch zu Tacita Deans Ausstellung *Film* (Fisher 2011, 70). Je vollständiger die Welt der bewegten Bilder in eine Welt digitaler Bilder transformiert ist, umso notwendiger wird es, die Geschichte des bewegten Bilds zu vermitteln; seine medialen Vergangenheiten (Fotografie, Daumenkino, optische Spielzeuge et al.) ebenso wie seine Orte und Dispositive (Kamera, Schneideraum, Projektor und Kinosaal).

(5) Einige Dinge, für die Kinder sich interessieren: Auslöser, die ‹Klick› machen; Kameras, die rattern, wenn sich der Film im Magazin vorwärtsbewegt; Projektoren, die flackern; Filmbilder, die Risse haben; Staub in der Linse; die winzige Schrift auf dem Rand des Filmstreifens, die Farbeffekte, wenn sie einen bemalten Filmstreifen wie ein Dia gegen das Licht halten. Die physische Erfahrung analoger Medien, zu denen auch der unverwechselbare Sound dieser Medien gehört, hat ganze Generationen von Filmemachern geprägt: «There is no why for my making films. I just liked the twitters of the machine.»[2] (Menken/Sitney ca. 1965, 12)

(6) Um Filme verstehen zu lernen, braucht es mehr Methoden als das Filmgespräch. Das bedeutet nicht, dass Filmvermittlung nur gelingen kann, wenn alle Kinder und Jugendliche ‹einen Film drehen› – dazu mangelt es oft an Zeit und anderen Ressourcen. Vielleicht ist es sogar aussichtsreicher, filmpraktische Elemente zu integrieren, die, wie im Physikunterricht, den Charakter eines ‹Experiments› haben. In kurzweiligen Experimenten dieser Art vermitteln sich mediale Voraussetzungen und audiovisuelle Effekte ‹wie von selbst›. Als Schulen des Sehens und Experimentierens mit Film lassen sich insbesondere Experimental- und Avantgardefilme einsetzen. So regen beispielsweise die Animationsfilme von Mary Ellen Bute – etwa PASTORAL (USA 1950), MOOD CONTRASTS (USA 1953) oder IMAGINATION (USA 1957) – zu einem Farb-Experiment an: In ein mit Wasser gefülltes Aquarium werden nach und nach verschiedene Farbtropfen geträufelt. Die langsam sich ausbreitenden Farbenspiele und Mischverhältnisse zu betrachten, ist eine Sache. Eine andere ist es, Butes Filme nach dem Experiment erneut anzuschauen. Die Kinder werden erkennen, dass sich die Farben im Film mitunter «falsch herum» bewegen, *against gravity* – gegen die Schwerkraft – von unten nach oben. Durch das Experimentieren mit filmkünstlerischen Verfahren wie diesen stellt sich die Erkenntnis der Kraft der Bilder oft unmittelbarer ein als im Prozess des Sprechens über die Filme.

---

1 «Speicherkarten und Festplatten verraten nichts über die Bewegtbilder, die sie enthalten oder darüber, wie diese Bilder aufgenommen und reproduziert werden.»
2 «Es gibt kein Warum für mein Filmemachen. Ich mochte einfach das Zwitschern der Maschine.»

(7) Kinder sind Wahrnehmungsagenten. Kindheit ist eine unendliche Aneinanderreihung von Situationen. Kinder tragen ein ganzes Arsenal von autonomen, im Körper zusammenfallenden Eindrücken mit sich herum. Bevor sie sprechen können, riechen und tasten Kinder, sie schmecken und hören, sie schauen und schauen. Die Wahrnehmungsfilter, die sich bei einem Erwachsenen eingeschliffen haben, sind bei Kindern noch nicht – oder nicht in demselben Umfang – vorhanden. Nichts anderes ist gemeint, wenn man von der ‹Offenheit› der kindlichen Wahrnehmung spricht. Auch die Sprache hat sich der Sinne eines Kindes noch nicht vollständig bemächtigt. Daher die Lust am Schauen und Staunen. Das Kind sieht noch nicht die Notwendigkeit, seine Wahrnehmungsfragmente ‹sinnvoll› zu verknüpfen. Daher die Lust an kurzen, abstrakten oder fragmentarischen filmischen Formen.

(8) Stan Brakhage: «Imagine an eye unruled by man-made laws of perspective, an eye unprejudiced by compositional logic, an eye which does not respond to the name of everything but which must know each object encountered in life through an adventure of perception. How many colors are there in a field of grass to the crawling baby unaware of ‹Green›? How many rainbows can light create for the untutored eye? How aware of variations in heat waves can that eye be? Imagine a world alive with incomprehensible objects and shimmering with an endless variety of movement and innumerable gradations of color. Imagine a world before the ‹beginning was the word›. [...] Once vision may have been given – that which seems inherent in the infant's eye, an eye which reflects the loss of innocence more eloquently than any other human feature, an eye which soon learns to classify sights, an eye which mirrors the movement of the individual toward death by its increasing inabilty to see.»[3] (Brakhage 2001, 12)

---

3   «Stellen Sie sich ein Auge vor, das nicht durch die von Menschenhand geschaffenen Gesetze der Perspektive beherrscht wird, ein Auge, das die Vorurteile logischer Bildkomposition nicht kennt, ein Auge, das nicht auf den Namen jedes Dinges reagiert, sondern jeden Gegenstand, auf den es im Leben trifft, durch ein Abenteuer der Wahrnehmung erkennt. Wie viele Grüntöne hat ein Stück Rasen für ein krabbelndes Baby, dem das Wort ‹Grün› kein Begriff ist? Wie viele Regenbögen kann das Licht für das ungelernte Auge schaffen? Wie kann das Auge ein Bewusstsein von den Variationen von Wärmestrahlen erlangen? Stellen Sie sich eine Welt vor, in der es vor unergründlichen Objekten wimmelt, in einer endlosen Vielzahl von Bewegungen und in zahllosen Farbabstufungen. Stellen Sie sich eine Welt vor, die dem Satz ‹Am Anfang war das Wort› vorausgeht. [...] Vielleicht gab es das Sehen einmal – das, was im Auge des Kleinkinds liegt, einem Auge, das den Verlust von Unschuld wie keine andere menschliche Eigenschaft reflektiert; ein Auge, das schon bald lernt, das Gesehene zu klassifizieren, ein Auge, das die Bewegung des Individuums zum Tod hin durch seine zunehmende Unfähigkeit zu sehen widerspiegelt.»

(9) Trotz der prinzipiellen Offenheit kindlicher Wahrnehmungsmodi ist bei Kindern heute immer weniger von unvoreingenommener Wahrnehmung auszugehen. Gegenwärtig aufwachsende Grundschüler verfügen über eine mediale Konsumgeschichte, die in vielen Fällen stärker von Fernsehen, Internet und Computerspielen geprägt ist als vom Kino. In einer amerikanischen Großstadt: Beinahe jedes zwölfjährige (weiße) Mittelschichtskind besitzt ein eigenes iPhone. In einer Stadt im Ruhrgebiet: Etwa zwei Drittel der Kinder einer Grundschulklasse in einem sozialen Brennpunkt-Viertel haben einen eigenen Fernseher im Kinderzimmer, über den sie frei verfügen können. Nach eigenen Angaben surfen diese Kinder ohne Aufsicht im Internet und spielen Computerspiele, die nur für Erwachsene freigegeben sind. Die filmischen Vorlieben von Grundschülern lassen sich gegenwärtig an zwei Fingern abzählen: STAR WARS und 3D.

(10) Man hört in pädagogischen Kontexten oft die Maxime, die Schüler müssten ‹da abgeholt werden, wo sie stehen›. Uns scheint es vielversprechender, sie ohne Umwege dahin zu bringen, wo sie noch nicht gewesen sind.

Literatur

Brakhage, Stan (2001 [1963]) Metaphors on Vision. In: *Essential Brakhage. Selected Writings on Filmmaking by Stan Brakhage*, hg. v. Bruce R. McPherson, New York: Documentext, S. 12–71.

Fisher, Morgan (2011) o.T. In: *Tacita Dean: Film*, hg. v. Nicolas Cullinan, London: Tate.

Menken, Marie/Sitney, P. Adams (ca. 1965) Interview with Marie Menken. In: *Filmwise* 5–6 (Maas and Menken Issue), S. 10–12.

Wenke Wegner

Die Vermittlung der Vermittlung der Vermittlung

Berliner Schule. **Wenn Filme (Film) vermitteln**

Dieser Beitrag steuert zum Thema der Filmbildung die Perspektive einer Bildung bei, die von Filmen selbst ausgeht. Ich verwende dabei die deutsche Übersetzung von Alain Bergalas Begriff der ‹transmission›[1] und spreche von ‹Vermittlung›. Mit dem Begriff der ‹Filmvermittlung› wurde in Deutschland und Österreich in den vergangenen Jahren ein dritter Weg des Nachdenkens über Film und Bildung eröffnet, der auf die Vermittlung des Films als eigenständige ästhetische und kulturelle Ausdrucksform abzielt.[2] Er grenzt sich ab von zwei Begriffen von Filmbildung, die entweder durch Filme verbreitete Inhalte (z.b. historische Bildung) meinen oder die Filme als Gegenstand von Bildung beschreiben und deshalb z.b. auf die Lehre von Filmgeschichte und ästhetische Kategorienbildung abzielen. Bei meinen Überlegungen zu einer den Filmen eigenen Vermittlung geht es mir um die Bedeutung dieser filmischen Vermittlungsformen und -gegenstände für die Filmvermittlungsarbeit: Auch wenn ich in diesem Text einige Ideen zur Gestaltung von Filmvermittlung einstreue, möchte ich primär ein Bewusstsein dafür schaffen, dass Filmvermittler_innen neben ihrer eigenen Vermittlungsarbeit weitere Formen der Vermittlung bzw. weitere Vermittler_innen mitdenken müssen, die in Konkurrenz zu ihrer eigenen pädagogischen Arbeit stehen können. Denn auch der Film selbst lässt sich als Vermittler denken. In seinem Vergleich der visuellen Anordnungen in Schule und Kino *Der Kinematograph als Zeigestock* (Titiwee 2009) beschreibt Winfried Pauleit (unter dem Pseudonym Rainulf Titiwee) Filmvorführungen als eigenständige, selbsterklärende Ereignisse, die eigentlich keiner Vermittlungsarbeit

---

1   Den Begriff ‹Vermittlung› (frz.: *la transmission*) hat Alain Bergala in *Das Kino als Kunst* eingeführt, um eine bestimmte Filmerziehung an Schulen zu beschreiben, in deren Zentrum eine bestimmte Ästhetik der Lehre steht (Bergala 2006, 57–68).

2   Beispiele für Publikationen und Forschungsprojekte, die mit dem Begriff der ‹Vermittlung› arbeiten: Henzler/Pauleit (2010); Henzler/Pauleit/Rüffert u.a. (2010); Sommer/Hediger/Fahle (2011); Baute/Pantenburg/Pethke u.a. (2008–2009)

bedürfen. Das Kino sei selbst ein «Zeigestock», der an einen «immanenten Lehrer» gekoppelt sei, der als ein «Konkurrent des Lehrers in der Schule – oder [als] sein Doppelgänger» (Titiwee 2009, 11) auftrete.

Wie verstehe ich die Vermittlung von Filmen? Jeder Film folgt, jenseits von seiner Story, einer Vermittlungsstrategie. Seine Ästhetik lässt sich als ein implizites Programm der Vermittlung beschreiben. Zum Beispiel fordert ein Film mittels seiner ästhetischen Verfahren seine Zuschauer_innen auf eine bestimmte Art und Weise: Er traut ihnen bestimmte Denkleistungen zu oder meint, seine Zuschauer_innen mit lückenlosen Geschichten füttern zu müssen. Zum ästhetischen Vermittlungskonzept eines Films zähle ich sämtliche ästhetische Eigenschaften wie Musik aus dem Off oder Umgebungsgeräusche, eine hohe Schnittfrequenz oder Plansequenzen, ein Heranzoomen an das Geschehen oder eine beobachtende Kamera aus der Distanz. Neben diesem impliziten, ästhetischen Vermittlungskonzept kann die Bezugnahme von Filmen auf die Filmgeschichte und auf andere Filme als eine weitere Vermittlungsarbeit von Filmen gelten, die von Filmvermittler_innen fruchtbar gemacht werden kann.

Bevor ich diese Überlegungen an einem Beispiel weiter entwickle, möchte ich kurz auf den Kontext eingehen, in dem ich mich mit der ästhetischen Vermittlung von Filmen befasst habe. Auf der *Viennale* 2001 sah ich zwei Filme von jüngeren deutschen Filmemacherinnen: Angela Schanelecs MEIN LANGSAMES LEBEN (D 2001) und Maria Speths IN DEN TAG HINEIN (D 2001). Diese Filme waren für mich die Entdeckung eines deutschen Kinos, das sich erheblich von dem unterschied, was ich bis dahin als deutsches Kino kannte. Filme, die fast ohne Worte auskommen, die in langen Einstellungen das sommerliche Leben in Berlin zeigen. Filme, die keine Geschichte erzählen, die sich im Anschluss hätten nacherzählen lassen. Filme mit spröden weiblichen Protagonistinnen. Ich nahm an diesen Filmen damals durchaus Gemeinsamkeiten wahr. Kurz darauf kursierte für diese und andere Filme das Label *Berliner Schule*.

Etwa zeitgleich entdeckte ich Alain Bergalas Buch *L'Hypothèse Cinéma* (Bergala 2002, dt.: *Kino als Kunst* [Bergala 2006]), in dem Bergala seine Ideen von Filmvermittlung an Schulen vorstellt und die Auffassung vertritt, dass Filme die Sensibilität und Beobachtungsgabe, aber auch das Begehren der Zuschauer_Innen ansprechen, und dadurch eigene Vermittlungsprozesse initiieren. An seinen Vorstellungen einer filmspezifischen Form der Vermittlung war für mich der Gedanke zentral, dass ästhetische Erfahrung durch, mit und in Filmen ein alternatives Bildungsmoment eröffnen kann. Dass ich das zweideutige Label *Berliner Schule* plötzlich als eine Einladung empfand, diese Schule und ihr (ästhetisches) Vermittlungskonzept als *Schule* zu untersuchen verdankt sich der Initialzündung durch Bergalas Text, obgleich ich im Verlauf meines Forschungsprojekts die ästhetischen Verfahren der *Berliner*

Schule in den Kontext verschiedenster Theorien von Vermittlung, Pädagogik und Filmvermittlung gestellt habe (vgl. Wegner 2014).

Für meine Überlegungen zur Vermittlung von Filmen und ihrer Bedeutung für die Filmvermittlungsarbeit vorzustellen, verwende ich als Ausgangspunkt einem Ausschnitt[3] aus PLÄTZE IN STÄDTEN von Angela Schanelec (D 1998), einem Film der *Berliner Schule*, an dem sich Vermittlungsfragen nicht nur ästhetisch entwickeln lassen, sondern in dem das Thema der Vermittlung außerdem von einem Moment der (rudimentären) Handlung gespiegelt wird. Filmvermittlung spielt in einer Sequenz ästhetisch und narrativ eine Rolle, weil in ihr eine Situation schulischer Filmvermittlung inszeniert wird. Diese in der Sequenz inszenierte Filmvermittlung lässt sich in Bezug setzen zu Konzepten von Filmvermittlung, z.B. zu demjenigen von Alain Bergala.

Wie sieht Filmvermittlung in der *Berliner Schule* aus? In der dreiminütigen Szene inszeniert Schanelec eine Situation schulischer Filmvermittlung. Drei Einstellungen etablieren diese Situation, in der die Protagonistin des Films (Sophie Aigner als Mimmi) im Rahmen ihres Unterrichts einen französischen Dokumentarfilm ansieht.

Während der ersten 43 Sekunden (00:55:00–00:55:43) fällt der Blick der Kamera in einen dunklen Raum, in dem nur schemenhaft die Rücken von sitzenden Zuschauern zu erkennen sind (Abb. 1). Eine Person sucht im Dunkeln einen Platz. Rechts im Hintergrund sieht man den leuchtenden Kader eines Fernsehbildschirms, auf dem ein Film (bei genauem Hinsehen erkennt man ein Kamerateam bei der Arbeit) zu sehen und Filmton (französische Sprache und Musik) zu hören sind. Links vom Bildschirm ist schemenhaft eine Tafel zu erkennen. Ein Klassenraum, in dem unter «ungünstigen»[4] Bedingungen ein Film angesehen wird.

Dann folgt eine Einstellung, die für 15 Sekunden (00:55:43–00:56:01) eine Großaufnahme von Mimmis Gesicht im Dunkeln zeigt. Eine Gesichtshälfte ist von links erhellt durch den Bildschirm. Ihr Ausdruck ist konzentriert, sie scheint vertieft in den Film.

Es schließt sich fast zwei Minuten lang (00:56:01–00:57:56) ein Film im Film an (Abb. 2): als Großaufnahme, fast kaderfüllend, ist der Ausschnitt eines anderen Films zu sehen. Es handelt sich um eine Folge von sechs Einstellungen, gefilmt mit einer Schulterkamera, die einem Paar über einen Festplatz folgt. Das Paar besteht aus einer jungen Frau und einem älteren Mann, der die Frau an seinem Arm durch die Menschengruppen führt – Wangenküsse werden ausgetauscht, Jahrmarktsattraktionen

---

[3] 00:55:00–00:57:56. Ich beschreibe die Sequenz anhand einer ZDF-Fernsehaufzeichnung, deren Qualität nicht die beste ist. Leider gibt es von PLÄTZE IN STÄDTEN keine käuflich zu erwerbende DVD – offenbar stellen die Musikrechte und Filmrechte ein Hindernis dar.

[4] Es steht kein besonderer Sichtungsraum mit Leinwand zur Verfügung, die Klasse sieht den Film auf einem kleinen Bildschirm in schlechter visueller und akustischer Qualität.

Die Vermittlung der Vermittlung der Vermittlung

1–2 PLÄTZE IN STÄDTEN (D 1998, R: Angela Schanelec)

wie Stangenklettern im Hintergrund, eine Band spielt und es wird eine Polonaise getanzt. Zu Beginn ist immer wieder ein zweites Filmteam in den Aufnahmen zu sehen.

Im Folgenden stelle ich drei Thesen vor, die sich jeweils auf unterschiedliche Aspekte der Vermittlung von PLÄTZE IN STÄDTEN beziehen. Diese Aspekte könnten im Rahmen eines schulischen Filmvermittlungsprojekts, das diesen Film behandelt, gemeinsam mit den Schüler_innen reflektiert werden.

1. PLÄTZE IN STÄDTEN befasst sich narrativ mit Filmvermittlung an einer Schule und scheint dabei implizit (ästhetisch!) eigene Ideen zu Form und Potentialen von Filmvermittlung zu äußern.
2. Mit der (fast) leinwandfüllenden Vorführung der Fragmente eines anderen Films zeigt PLÄTZE IN STÄDTEN, dass Filme ein eigenes Potential der Vermittlung von Filmästhetik und Filmgeschichte haben.
3. Die Ästhetik dieser Szene lässt sich auch allgemeiner als eine Form von Vermittlung durch einen Film betrachten – und als ein Konzept von Vermittlung in Bezug zu anderen Vermittlungskonzepten setzen. Die rohe Ästhetik der Szene ist dann Beispiel für eine filmische Vermittlung, die ein Gegenmodell zu herkömmlicher (Schul-)Didaktik entwirft. Dieser Film vermittelt seinen ‹Stoff› anders als ein/e Lehrer_in, der/die ein fest abgestecktes Paket Wissen in die Köpfe seiner/ihrer Schüler_innen transportiert, das im Anschluss möglichst wortgetreu wiedergegeben werden muss. Die offene, ambivalente, streifende Vermittlung dieses Films fordert selbst denkende Zuschauer_innen und unterscheidet sich darin auch von der (ästhetischen) Vermittlung klassischer Spielfilme, die darauf ausgerichtet ist, möglichst zweifelsfrei einen bestimmten Handlungsverlauf zu inszenieren.

1. Filmvermittlung mit einem unsichtbaren Passeur

PLÄTZE IN STÄDTEN scheint sich mit der Inszenierung von Filmvermittlung an einer Schule implizit zu Form und Potentialen von Filmvermittlung zu äußern. Der Film lässt seine Protagonistin bei einer Schulvorführung einen Film kennenlernen. Die Zuschauer sehen eine Situation in einer Schule, in der Schüler einen Film ansehen: Filmvermittlung im Film.

Vor dem Hintergrund von Bergalas pädagogischem Konzept ließe sich an der Form, wie den Schülern der Film gezeigt wird, manches kritisieren, z.B. die mangelhafte Qualität der Vorführung auf einem kleinen Fernsehbildschirm. Interessanter ist aber, wie die Inszenierung der schulischen Filmvermittlung in PLÄTZE IN STÄDTEN viele von Bergalas Ideen, auch unter diesen suboptimalen Bedingungen, aufzugreifen scheint. In *Kino als Kunst* beschreibt Bergala die wichtige Rolle des filmvermittelnden Lehrers für die Filmvermittlung an Schulen. In Bezugnahme auf Serge Daneys Definition eines Pädagogen als *Passeur*[5], der selbst seine eigene Persönlichkeit einsetzt, um Wissen und Erfahrung weiterzugeben, bezeichnet er den Idealtypus eines solchen Lehrers als «Passeur» (Bergala 2006, 52). Dieser gebe seine Leidenschaften und Überzeugungen weiter, verwirkliche einen Zugang zur Kunst, der «zugleich Initiation» sei (ibid.). Voraussetzung sei, dass der Lehrer seinen «symbolischen Status» ändere: «Er gibt seine durch die Institution definierte und begrenzte Rolle als Lehrer für den Augenblick auf und tritt von einer anderen, ungeschützteren Stelle seiner selbst her in Beziehung und ins Gespräch mit seinen Schülern.» (ibid.). Unterricht mit Filmen – sei dies im Fach Kunst oder im Fach Geschichte – soll sich strukturell vom konventionellen Unterricht unterscheiden, nicht nur was die Inhalte, sondern auch was die Kommunikation, die Beziehung zu den Schülern angeht. Bergalas Konzept des *Passeur* als einer Persönlichkeit, die mit einem eigenen «Geschmack», eigener «Bildung», eigenen «Überzeugungen und Parteilichkeiten» ausgestattet ist, wirkt bis in seine Ansichten zur Auswahl der im Unterricht vorzuführenden Filme hinein (ibid., 58). Diese Auswahl soll nicht etwa einem Kanon, Moden oder dem angenommenen Geschmack der Schüler folgen, sondern den Vorlieben des *Passeur*, der einen Film auswählt, um ihn an seine Schüler_innen weiterzugeben.

In der Szene aus PLÄTZE IN STÄDTEN gibt es keine Lehrenden, die sich dozierend in den Vordergrund rücken und den Film erklären. Die Schüler_innen sehen einen Film (LA ROSIÈRE DE PESSAC, F 1979, von Jean Eustache, dazu gleich mehr), den ein/e engagierte/r ‹Passeur_in› sicher nicht auf der Basis eines Lehrplans, sondern aufgrund eigener Vorlieben ausgewählt hat. Alles in allem lässt sich diese Szene als

---

5   Ausführungen zu seiner Bezeichnung eines Pädagogen als *Passeur* finden sich z.B. in diesem Interview mit Daney: Daney (1991).

subtile Demonstration ästhetischer Persönlichkeitsbildung lesen, ganz wie sie Bergala als durch «Staunen und Rätsel» gekennzeichnete «Begegnung» mit Filmen beschreibt (ibid., 49–51). Die Inszenierung der Filmvermittlung in PLÄTZE IN STÄDTEN betont die persönliche ästhetische Erfahrung, die Mimmi durch den Film machen kann und macht. Das zeigt uns der Film z.b., indem er sich ganz auf Mimmi konzentriert und ihr Gesicht zeigt, während sie trotz ihres Zuspätkommens in den Film eintaucht.

2. Ein filmvermittelnder Film

PLÄTZE IN STÄDTEN zeigt einen längeren Ausschnitt eines anderen Films fast leinwandfüllend. Das Fragment, das die ohnehin spärliche Narration von PLÄTZE IN STÄDTEN zeitweise zum Erliegen bringt, weist andere ästhetische Qualitäten auf als PLÄTZE IN STÄDTEN und bildet daher inmitten des Films eine Art Kontrastfolie, vor der sich die Eigenheiten von PLÄTZE IN STÄDTEN deutlich darstellen. Diese Konstruktion wirkt wie eine (ästhetische) Einladung des Films, Unterschiede und Gemeinsamkeiten wahrzunehmen. PLÄTZE IN STÄDTEN bringt durch die Filmvorführung im Film ästhetische Aspekte zur Ansicht, die im Rahmen eines Filmvermittlungsprojekts aufgegriffen werden können, ohne dass ein/e Filmvermittler_in diese einführen müsste. Statt der realistischen Farbigkeit von PLÄTZE IN STÄDTEN sind wir mit einer «alten» Fernseh-Farbigkeit konfrontiert, statt den langen komponierten Einstellungen, die PLÄTZE IN STÄDTEN kennzeichnen, gibt es hier eine Handkamera, die voller Bewegung mitten im Geschehen ist. Statt deutsch wird französisch gesprochen, es gibt Untertitel, und während PLÄTZE IN STÄDTEN nur in drei oder vier Szenen sorgfältig ausgewählte, innerdiegetische Musik zu hören ist, ist hier die gefundene Musik des Jahrmarkts bzw. des Fests der Rosenkönigin zu hören. Die Menschen können durch Kleidung und Frisuren den siebziger Jahren zugeordnet werden. Die junge Frau, der die Kamera folgt, bewegt sich nicht frei wie die Protagonistin von PLÄTZE IN STÄDTEN, sondern wird herumgeführt.

In der langen Einstellung, in der PLÄTZE IN STÄDTEN den anderen Film vorführt, wird nicht nur Mimmi als Teil der Handlung im Rahmen ihres Unterrichts ein Film vermittelt, sondern gleichsam tritt PLÄTZE IN STÄDTEN vor den Zuschauer_innen als Vermittlungsinstanz in Erscheinung. PLÄTZE IN STÄDTEN zeigt das Fragment eines anderen Films. «Löst man einen Teil aus dem Erzählfluss und der visuellen Gewöhnung an den Film, macht man ihn von neuem sichtbar» (ibid., 86). Mit dieser These begründet Alain Bergala seine Methode der «Pädagogik des Fragments» (ibid., 84–89). Auch wenn es in seinem Falle um eine außerfilmische Methode der Filmvermittlung geht, können einige der grundlegenden Annahmen der Funktion und Wirkung dieser ‹Pädagogik› auch für die filmische Filmvermittlung mit Fragmenten, die PLÄTZE IN STÄDTEN realisiert, gelten. «Lob des Ausschnitts»:

Bergala regt zu einer Methode der Filmvermittlung z.b. an Schulen an, die nicht mit ganzen Filmen arbeitet, sondern auf Ausschnitte, Fragmente von Filmen zurückgreift.[6] Bergala denkt den pädagogischen Charakter von Filmausschnitten auf zweierlei Art und mit jeweiligen Vorzügen. Nach Bergala kann ein Filmausschnitt entweder als «eigenständiges kleines Ganzes ‹für sich› betrachtet werden, ohne dass man den fehlenden Kontext als Mangel betrachtet», dann liege der pädagogische Vorzug darin, dass er als «verkleinertes Modell» leichter überschaubar sei als ein ganzer Film. Oder in der zweiten Art den Ausschnitt zu denken, wird das Fragment in seinem Zustand willkürlichen Herausgeschnittenseins aus einem Film betrachtet, «wobei man die Geste des Herausgreifens als Schnitt, als Überraschung, als leichte Frustration empfindet» (ibid., 85). Dieser Kunstgriff der Abtrennung eines Fragments vom Rest des Films wirke wie ein «‹Teaser› für die Lust den ganzen Film zu sehen» (ibid.). Ganz sicher stiftet PLÄTZE IN STÄDTEN ein Interesse an dem seltsamen, anderen Film, der für einige Minuten zu sehen ist. Die Gegenüberstellung unterschiedlicher Filmfragmente steigert nach Bergalas Ansicht die Aufmerksamkeit der Zuschauer_innen: «Unebenheiten und Eigentümlichkeiten» (ibid., 86) treten Zuschauer_innen in einem Ausschnitt eher als beim Screening eines kompletten Films entgegen. «Eine der möglichen Arten, den Standpunkt zu verrücken», besteht nach Bergala darin, «eine Filmsequenz einer anderen Sequenz aus einem anderen Film gegenüberzustellen, besonders wenn sie ästhetisch und historisch sehr weit auseinanderliegen» (ibid., 88).

Mit der Vorführung des anderen Films tritt PLÄTZE IN STÄDTEN als Vermittler von Filmästhetik und Filmgeschichte in Erscheinung. Indem in der Einstellung das Kameraobjektiv auf einen anderen Film gerichtet wird, dieser abgefilmt wird, verweist PLÄTZE IN STÄDTEN auf einen Film der Filmgeschichte, der trotz seiner Unterscheide für die Ästhetik von PLÄTZE IN STÄDTEN eine Vorbildfunktion hat. PLÄTZE IN STÄDTEN zeigt den Ausschnitt eines Dokumentarfilms, LA ROSIÈRE DE PESSAC (DIE ROSENKÖNIGIN), der in der Tradition des *Direct Cinema* das Geschehen eines Volksfests in Pessac beobachtet und aufzeichnet. Dieses dokumentarische Beobachten und das Verfolgen der Protagonisten durch die Kamera kennzeichnet auch das Verfahren in den Spielfilmen von Angela Schanelec. Ihr Film wird zum Vermittler von Filmgeschichte. Mit Bergala könnte man die Rolle des Films hier auch als die eines *Passeur* beschreiben, der den Wunsch hat, ein bestimmtes Kino an seine Zuschauer_innen zu vermitteln.

---

6   Bergala lehnt diese Pädagogik des Fragments an die Möglichkeiten an, die DVDs als Unterrichtsmedium mit sich bringen. Neben den unterrichtspraktischen Aspekten des Mediums («Leichtigkeit des Zugriffs», Bergala 2006, 83) interessiert ihn das neue Denken, das DVDs ermöglichen, insbesondere das in Beziehung-Setzen verschiedener Filmausschnitte.

3. Ästhetische Verfahren: die Vermittlung des Films

Wie oben schon erwähnt entspricht die Form dieser Szene aus PLÄTZE IN STÄDTEN einer filmischen Ästhetik, die vieles unbeantwortet und offen lässt: Auch wenn man den ganzen Film ansieht, wird man als Zuschauer_in ohne narrative Notwendigkeit oder einleitende Einstellungen in diese Filmvermittlungsszene hineingeworfen. Auch die Szene selbst bemüht sich nicht um eine «schlüssige Handlung»: Die Einstellungen sind zwar chronologisch aneinandergereiht, gehen von einer Art Überblicksperspektive (der räumlichen Anordnung des Sichtungsraums) zu einem Detail (dem zuschauenden Gesicht), dann zu dem Gegenstand, auf den sich die Aufmerksamkeit des Gesichts richtet (den Fernsehbildschirm), aber sie sind, was die Beleuchtung, was die Konstruktion des Raums, was den Ton angeht, nicht auf narrative Schlüssigkeit und Klarheit ausgelegt. Die Szene spielt für die weitere Handlung keine Rolle, sie ist allenfalls zart darin verankert. Ästhetisch verankert, indem das Französisch des Filmfragments unkommentiert in die darauf folgende Szene mitgenommen wird, in der die Protagonistin jemanden auf Französisch, mit deutschem Einschlag, begrüßt. Narrativ verankert, weil zuvor von einer Klassenfahrt nach Frankreich die Rede war, für die die Vorführung des französischen Films als Vorbereitung dienen könnte. Dennoch, die Ästhetik und Erzählweise sind von einer Offenheit gekennzeichnet, die man mit den Ideen Alain Bergalas in Verbindung bringen könnte. Bergala sieht das Kino als Kunst (vgl. ibid., 40–44), als «Alterität» (ibid., 31) und vertritt die Ansicht, dass das Kino deswegen eine andere Pädagogik einfordert, die weniger auf festgelegte Lernziele zusteuert, sondern Raum gibt für eigene Beobachtungen und eigenes Entdecken. Bergala spricht vom «schöpferischen Betrachter» und kritisiert, dass die Schule dazu neige, «allzu schnell zu analysieren», anstatt sich Filmen langsam, sinnlich und wiederholend zu nähern (ibid., 53).

Ich habe selbst bei meiner Filmvermittlungsarbeit die Erfahrung gemacht, dass es für Schüler_innen eine spannende Erfahrung ist, mittels eines Films und mittels der Ästhetik eines Films ihr eigenes Erleben von Pädagogik zu reflektieren: Dabei kann es um Fragen gehen wie: Gibt der Film mir alles vor oder traut er mir mein eigenes Sehen und Entdecken zu? Dürfen verschiedene Versionen des Verstehens nebeneinander stehen oder gibt es eine ‹richtige› Fassung? Wie komme ich mit dieser Freiheit zurecht? Die Vermittlung des Films, dem oft nur die Rolle des Gegenstands der Filmvermittlung zugewiesen wird, kann im Rahmen eines offenen Konzepts von Filmvermittlung fruchtbar gemacht werden, in dem die Konsequenzen dieser Vermittlung bewusst werden. Methoden hierfür sind z.B. das sprachliche Nacherzählen der Handlung in unterschiedlichen Versionen oder das Beschreiben eines Teils des Films, der beeindruckt (oder genervt!) hat. Dabei kommen subjektive Wahrnehmungen zutage, die nebeneinander stehen können. In dieser Sammlung lösen sich die festen, in der Schule vorherrschenden Positionen von Lehrer_in (Expert_in) und Schüler_in auf und können in einen offenen Austausch überführt werden.

Die Vermittlung der *Berliner Schule* ermöglicht, im Rahmen von schulischer Filmvermittlung nicht nur Erfahrungen mit herkömmlicher Schul-Didaktik, sondern auch den Frontalunterricht des klassischen Narrationskinos zu reflektieren. Ein weiteres Beispiel, wie meine Überlegungen zur ästhetischen Vermittlung dieser Szene in die Praxis der Filmvermittlung überführt werden können, ist ein Gespräch über den Frust und die Langeweile, die sich bei vielen Zuschauer_innen angesichts der wenig ökonomischen, wenig zielgerichteten, scheinbar intentionslosen Vermittlung dieses Films einstellen. An der auf den ersten Blick ‹dysfunktionalen› Ästhetik eine alternative Funktionalität zu erkennen, das könnte ein Ziel der Filmvermittlung mit Filmen der *Berliner Schule* sein – die Filmwissenschaftlerin Mariella Schütz erkennt ein Anliegen der Vermittlung der Filme von Angela Schanelecs Filmen. Sie erzeugen eine Langeweile im positiven Sinne. Ihre Ästhetik eröffnet den Zuschauern ein «anderes Fenster zum Dasein» (Schütz 2008, 31).

Größtmögliche Freiheit und offene Lehrziele – das ist die Vorbildfunktion, die die ästhetische Vermittlung der *Berliner Schule* für zukünftige Filmvermittler_innen hat.

Literatur

Baute, Michael/Pantenburg, Volker/Pethke, Stefan/Schlüter, Stefanie/Stein, Erik (2008–2009) *Kunst der Vermittlung. Aus den Archiven des Filmvermittelnden Films*, 10.06.2009, http://www.kunst-der-vermittlung.de/.

Bergala, Alain (2002) *L'Hypothèse cinéma. Petit traité de la transmission du cinéma à l'école et ailleurs*, Paris: Cahiers du cinéma.

– (2006): *Kino als Kunst. Filmvermittlung an der Schule und anderswo*, Bonn: Bundeszentrale für Politische Bildung.

Daney, Serge (1991) *Devant la recrudescence des vols de sacs à main. Cinéma, télévision, information: 1988–1991*, Lyon: Aléas.

Henzler, Bettina/Pauleit, Winfried/Rüffert, Christine u.a. (Hg.) (2010) *Vom Kino lernen. Internationale Perspektiven der Filmvermittlung*, Berlin: Bertz und Fischer.

Henzler, Bettina/Pauleit, Winfried (Hg.) (2009) *Filme sehen, Kino verstehen. Methoden der Filmvermittlung*, Marburg: Schüren.

Sommer, Gudrun/Hediger, Vinzenz/Fahle, Oliver (Hg.) (2011) *Orte filmischen Wissens. Filmkultur und Filmvermittlung im Zeitalter digitaler Netzwerke*, Marburg: Schüren.

Schütz, Mariella (2008) Langeweile – Das andere Fenster zum Dasein. Warum Angela Schanelecs Filme langweilig sind. In: *Augenblick. Marburger Hefte zur Medienwissenschaft* 41, Marburg: Schüren, S. 26–38.

Titiwee, Rainulf (2009) Der Kinematograph als Zeigestock. In: Pauleit, Winfried (Hg.) *Das ABC des Kinos. Foto, Film, Neue Medien*, Frankfurt am Main, Basel: Stroemfeld.

Wegner, Wenke (2014) *Berliner Schule. Filmästhetik und Vermittlung*, Marburg: Schüren [im Erscheinen].

Manuel Zahn

Performative Bildungen des Films und seiner Betrachter_innen

Filmbildungstheoretische Überlegungen für eine Praxis ästhetischer Filmvermittlung

Der Film ist in doppeltem Sinne ein Medium des Wandels (vgl. Engell 2003). Er stellt einerseits seine Geschichten und Figuren in Form von audiovisuellen Bewegungsbildern dar, die einem ständigen Wandel, einem Erscheinen und Verschwinden unterworfen sind. In Bezug auf Gilles Deleuzes Kinophilosophie (vgl. Deleuze 1998, 1999) können wir daher von performativen Bild-Bildungsprozessen des Films sprechen, in die die Zuschauer in der Zeit der Film-Erfahrung perzeptiv, affektiv und denkend involviert sind. Andererseits wandelt und transformiert sich der Film in medientechnologischer Hinsicht im Takt technologischer und sozio-kultureller Wandlungsprozesse. Im Zuge der Digitalisierung konnte man zuletzt beachtliche Veränderungen und Ausdifferenzierungen der technischen «Basis» des Films, seines «Ortes», seiner Aufführung sowie der Produktions-, Distributions- und Rezeptionspraktiken, seiner Kritik und anderem mehr., allgemeiner: der gesamten filmkulturellen Praxis beobachten (vgl. dazu Sommer/Hediger/Fahle 2011). Ich beziehe mich in diesem Text in erster Linie auf Kinofilme, verstanden als die Fülle der Filme, deren primärer Ort der Aufführung das Kino ist, und damit auch auf das kinematographische Dispositiv.

Die Institution Schule erscheint im Vergleich zum technologisch und kulturindustriell motivierten Wandel der Filmkultur der letzten 20 Jahre trotz der massiven Reformen im Bildungssystem als langsam und träge. Und sie muss es auch, denn das Neue, so kann man mit Torsten Meyer (2006, 4) sagen,

> «ist prinzipiell nicht Sache der Schule, jedenfalls nicht als Gegenstand des Unterrichts. Sie hat andere Aufgaben. Die Schule ist einer jener Orte, deren expliziter Zweck es ist, den Kommunikationsprozess am Laufen zu halten, der die Übertragung von im Gedächtnis einer Generation enthaltenen Informationen in das Gedächtnis der nächsten erlaubt. Das hat Schule zum Beispiel mit einer anderen Bildungsinstitu-

tion, dem Museum, gemein. Es geht um die Weitergabe von als kulturell bedeutsam erachteten Inhalten, um die Tradition dessen, was sich kulturell bewährt hat und deshalb als des Bewahrens wert angesehen wird. Mit ihren Schulen bewähren und bewahren sich Kulturen.»

Meyers Beschreibung der Funktion der Schulinstitution ist einem Text entnommen, der sich mit dem Verhältnis von Schule und der Vermittlung aktueller Kunst beschäftigt. Ich denke aber, dass sie auch im Verhältnis zur Filmvermittlung Geltung beanspruchen kann. Er bezieht sich wiederum in seiner Beschreibung an einer entscheidenden Stelle auf eine These aus Villem Flussers *Kommunikologie*. Flusser sieht in der *Paideia*, im «Prozess, der die Übertragung von im Gedächtnis einer Generation enthaltenen Informationen in das Gedächtnis der nächsten erlaubt», die «Kernfrage der menschlichen Kommunikation überhaupt» (Flusser 2000, 309).

Schon diese grobe Skizze des Films bzw. der Filmkultur und der Schule verweist das bildungstheoretisch interessierte Denken auf die Tatsache, dass die subjektiven Bildungsprozesse – hier in ihrer allgemeinsten Form als Welt- und Selbstverhältnisse gedacht – in unterschiedliche kulturelle, ökonomische, gesellschaftliche und technologische Transformationen und Umbildungsprozesse eingebunden sind. Was heißt das wiederum für die Filmvermittlung in der Schule?

Sie kann sich entsprechend Meyers Beschreibung auf einen archivierten, gesicherten Wissensbestand beziehen, der abstrakt genug erscheint, dass man ihn auf viele filmische und audiovisuelle Erscheinungsformen anwenden kann, wie es beispielsweise in Form der (Spiel-)Filmanalyse – der bis dato dominierenden Form rezeptiver Filmvermittlung in der Schule – auch geschieht. Die dazu vorliegende kompetenzorientierte, didaktische Literatur greift vornehmlich auf etablierte filmanalytische Modelle zurück, die den Film als (Massen-)Kommunikationsmedium verstehen. Gleichsam verstehen sie Film als ein System symbolischer Codes, die decodiert, als Text, der gelesen oder als eine politische, historische, moralische Botschaft, die vom Rezipienten empfangen, interpretiert und verstanden werden kann. Dafür bieten die filmanalytischen Theorien begriffliche Kategorien an, die sich im Laufe der Filmgeschichte und in Auseinandersetzung mit dem ökonomisch dominierenden, narrativen Spielfilm gebildet haben. Dementsprechend liegen die Schwerpunkte der Filmanalysen, angelehnt an literaturwissenschaftliche Methoden, auch auf den Filmerzählungen, den Figuren und ihren Geschichten, mit anderen Worten: auf einer Inhaltsanalyse. Die Form und die spezifische Ästhetik eines Films werden eher sekundär und meist in narratologischer Perspektive thematisiert.

Ich habe weder etwas gegen Inhalte noch gegen Spielfilme. Der Grund, warum ich die Auswahl filmanalytischer Theorien und ihre Anwendung in den bestehenden rezeptiven Formen schulischer Filmvermittlung als problematisch erachte, ist ein anderer. Denn, wenn wir den literatur- und kommunikationswissenschaftlichen Konzepten folgen und den Film als narrativen Film und seine Vermittlung als Analyse seiner narrativen Strukturen, symbolischen Codes, oder seines erzählten Inhalts verstehen, dann werden eine Unmenge an Filmen niemals in der Schule thematisiert. Ich denke dabei beispielsweise an experimentelle Filme oder an Arbeiten der Videokunst. An diesen Filmen stößt die begriffliche Filmanalyse sehr schnell an ihre Grenzen, denn ein strukturelles Merkmal vieler experimenteller oder künstlerischer Arbeiten im Medium Film ist, dass sie keine oder nur einen sehr geringen Grad an Narrativität aufweisen. Die schulische Filmvermittlung ist daher dringend um Vermittlungsformen zu erweitern, die sich aus historischer und filmästhetischer Perspektive den bis dato bestehenden unterschiedlichen Filmformen (von Dokumentarfilmen, Werbefilmen, Musikvideos über Spielfilmen bis hin zu Experimentalfilmen, Arbeiten der Videokunst und Kunstfilmen) und ihrer jeweiligen Produktions-, Aufführungs- und Rezeptionspraxen zuwenden. Mit Alain Bergalas *Kino als Kunst* (2006) und der in Auseinandersetzung mit Bergalas Filmvermittlungskonzept entstandenen Monographie *Filmästhetik und Vermittlung* von Bettina Henzler (2013, vgl. auch Henzler in diesem Band) liegen schon zwei solcher Arbeiten vor. Ich möchte im Folgenden meine filmästhetischen und bildungstheoretischen Überlegungen zur Filmvermittlung in Form von drei Thesen und einer Frage zur Diskussion stellen, die mein Verständnis von Film und Bildung skizzieren und davon ausgehend einen Ausblick auf eine noch zu entwickelnde Praxis der ästhetischen Filmvermittlung geben.

1. Filme haben die Möglichkeit, ihre Zuschauer in Bildungsprozesse zu involvieren

Es geht mir in meinen Forschungen zur «Ästhetischen Film-Bildung» (Zahn 2012) in einem spezifischen Sinn um *Bildung* mit Film – und nicht um Erziehungs- oder Lernprozesse mit Film – und dementsprechend um solche Formen der Filmvermittlung, die die Chance für ästhetische Bildungsprozesse erhöhen. Ich beziehe mich mit dieser Abgrenzung auf begriffliche Unterscheidungen der systematischen Erziehungswissenschaft. Sie versteht ‹Erziehung›, ‹Sozialisation›, ‹Lernen› und ‹Bildung› als kategoriale Grundbegriffe, die auf eine ganz bestimmte Art und Weise pädagogische Wirklichkeit beschreiben und gleichsam unser Denken und Handeln ausrichten. Ich werde daher kurz auf die Begriffe Lernen und Bildung, vor allem deren Unterschiedlichkeit eingehen.

Der Lernbegriff wird häufig im Zusammenhang mit unterschiedlichen Formen des Lehrens gedacht und im Rahmen formeller Lehr-Lern-Prozesse, wie sie beispielsweise in der Schule stattfinden, verhandelt. Das geschieht im Rahmen bildungspolitischer Programme, Curricula und lerntheoretisch-didaktischer Konzepte, die es mittlerweile auch in beachtlichem Umfang für den Einsatz von Film in der

Schule gibt. Film soll dabei auf den Begriff gebracht werden – meist auf filmtheoretische Begriffe, die zuvor in Fachbüchern zur Filmanalyse formuliert waren und dann im Film wiedergefunden und identifiziert werden. Aber auch in sogenannten informellen Lernprozessen, die immer und überall unterstellt werden müssen, auch beim Erfahren eines Films lassen sich in Bezug auf den bildungstheoretischen Diskurs Unterschiede zwischen Lern- und Bildungsprozessen markieren. Am deutlichsten haben das Helmut Peukert (1984) und etwas später Winfried Marotzki (1990) formuliert. Beide verstehen unter ‹Lernen› und ‹Bildung› ganz allgemein zwei qualitativ unterschiedliche Formen des Welt- und Selbstverhaltens eines Menschen. ‹Lernen› bezeichnet den Prozess, in dem Menschen innerhalb fester Schemata ihr Wissen vermehren, und mit dem Begriff ‹Bildung› fassen sie solche Prozesse, die die Schemata selbst verändern. Solche Transformationsprozesse, die die eigenen individuellen Schemata und Strukturen von Welt- und Selbstverhältnissen adressieren, sind mit Affekten verbunden und riskant. Sie sind dementsprechend recht rar, bedürfen sie doch der willentlichen Anstrengung des Subjekts angesichts eines überkomplexen Fremden, einer fraglichen oder gar rätselhaften Situation neue, andere Ordnungs- und Sinnstrukturen zu bilden.[1] Oft nehmen nicht planbare Umstände und zufällige Ereignisse auf das Gelingen oder auch Scheitern von Bildungsprozessen entscheidenden Einfluss, was bisher aber in bildungstheoretischer Perspektive noch kaum erforscht und theoretisch formuliert ist.

Ich verstehe Bildung demzufolge nicht als Output des Bildungssystems und auch nicht als zuvor bestimmte Ergebnisse von Lernprozessen, sondern als ein prinzipiell unabgeschlossenes, prozesshaftes Geschehen der Transformation von Strukturen und Sichtweisen auf Welt und Selbst. Bildungstheoretisches Denken ist in diesem Sinne immer auch ein utopisches Denken, «als es sich um die Angabe empirischer Möglichkeitsbedingungen von Prozessen bemüht, deren empirische Einlösbarkeit nicht nur nicht garantiert werden kann, sondern deren ‹Resultate› auch immer anders interpretiert werden können» (Schäfer 2009, 187). Das bildungstheoretische Denken betrachtet Entwicklungs- oder Veränderungsprozesse also unter dem Gesichtspunkt der Ermöglichung gelingender Subjektivierung. Es geht daher bei dem, was man unter «Bildungsprozessen» verstehen will, immer nur um «Möglichkeiten – und gerade nicht um mehr: etwa ein operationales Ziel, das dann institutionell und handlungsstrategisch oder als an externen Faktoren orientiert umgesetzt werden könnte» (Schäfer 2009, 187). Die möglichen Bildungsprozesse stehen dabei mit selbstermächtigenden, emanzipativen Praxen in Bezug.[2]

---

1   Vgl. zu der Konzeption eines transformatorischen Bildungsbegriffs auch Koller/Marotzki/Sanders (2007) und Koller (2012).

2   Vgl. für eine ausführlichere Darstellung der Unterschiede filmpädagogischer Konzeptionen in historischer Perspektive Walberg (2011, 13–73) und meine kritische Lektüre der im deutschen filmpädagogischen Diskurs vorliegenden Redeweisen und Konzepte von «Filmbildung» in Zahn (2012, 13–58).

Performative Bildungen des Films und seiner Betrachter_innen

Ich schließe mit meinem Versuch, Bildungsprozesse mit Hilfe des Kinofilms zu erforschen, an eine weitere, ungleich bekanntere bildungsphilosophische Position an. Die Rede ist von Theodor W. Adorno und seiner Feststellung, dass Bildung nichts anderes sei «als Kultur nach der Seite ihrer subjektiven Zueignung» (Adorno 1959, 94). Was bedeutet das? Adorno zerlegt Kultur in *Theorie der Halbbildung* (1959), aus dem die eben zitierte Bestimmung des Bildungsbegriffs stammt, in drei Sphären: (1) Da ist zunächst die «Geisteskultur», deren wichtigsten Kulturgüter sich als Hochkultur kanonisieren lassen. (2) Daneben identifiziert er eine kulturelle Praxis, die um eine bessere Einrichtung der menschlichen Dinge ringt. Die *Cultural Studies* entdecken und untersuchen solche Praxis nicht nur in der politischen Sphäre, sondern auch und vor allem im Alltagsleben, wo sich Lebensweisen ausdrücken. (3) Von Hochkulturgütern und Alltagskulturgegenständen und ihren zugehörigen Lebensweisen grenzt Adorno kulturindustrielle Erzeugnisse oder «Kulturwaren» ab. Der Film verbindet diese drei Kultursphären: In Europa, vor allem in Frankreich, gilt er als siebte Kunst und gehört damit zur Sphäre der Hochkultur; für Jugendliche und junge Erwachsene, aber nicht nur für diese, bietet er immer noch Identifikations- und Reflexionsmöglichkeiten; und er gehört schließlich als Unterhaltungsmedium ökonomischer Wertschöpfung zur globalen Massenkultur.

Im Laufe ihrer Biographie bilden sich Menschen in ihrem jeweiligen gesellschaftlich-kulturellen Milieus in einem gewissen Maße «eigene» individuelle Verhältnisse zu Welt und zu sich selbst. Die Sprache – im Anschluss an Wilhelm von Humboldts Bildungsdenken – ist dabei für viele Bildungstheoretiker ein sehr prominentes Medium von Bildungsprozessen. Filme als kulturelle Erzeugnisse spielen dabei ebenso eine wesentliche Rolle. Dabei muss man in Rechnung stellen, dass die in Bezug auf kulturelle Artefakte gebildeten Strukturen der individuellen Sichtweisen prekär und veränderbar sind – eben weil sie in Bezug auf ein kulturelles Außen entstanden sind und damit jederzeit, beispielsweise in Auseinandersetzungen mit einem weiteren Film, wieder umgebildet werden können. Wie genau das geschieht, was jemanden an einem Film affiziert, interessiert, was möglicherweise durch das Erfahren des Films fraglich wird und so zur weiteren Beschäftigung reizt, so dass sie sich zu einem Bildungsprozess auswächst, lässt sich in bildungstheoretisch informierter Perspektive nicht vorher sagen und soll es auch nicht.[3] Dennoch will ich Folgendes festhalten: Filme haben vor dem zuvor skizzierten Hintergrund eines stetigen filmkulturellen Wandels und aufgrund ihrer spezifischen Materialität, Medialität und Performanz

---

3 Wie sich die bildenden Prozesse des Subjekts in Bezug auf die mediatisierte Kultur vollziehen, ist auch *a posteriori* nicht abschließend zu klären, eben weil sie als flüchtige Prozesse mit den bisherigen Theorien schwer zu identifizieren und zu beschreiben sind. Die Bildungstheorie muss daher weiter daran arbeiten, neben den sprachbasierten auch bewegungsbildbasierte Theorien von Bildung zu entwickeln, da nur beide Theorieperspektiven zusammen die Chance erhöhen, die Bedeutung von Sichtbarem bzw. Wahrnehmbarem und Sagbarem für die subjektiven Welt- und Selbstverhältnisse in der aktuellen Medienkultur beschreiben zu können.

potentiell die Möglichkeit, ihre Betrachter_innen in Bildungsprozesse zu involvieren. Letzteres will ich etwas genauer anhand meiner zweiten These ausführen.

2. Die Film-Erfahrung ist aus ästhetischer Perspektive ein performatives Geschehen, das an den Filmbetrachter_innen Spuren hinterlässt

Die bildende Auseinandersetzung mit Film kann nun auf ganz verschiedene Weise theoretisch gerahmt werden. Damit hängt dann auch zusammen, was ich unter Film verstehe und wie sich seine idealen Betrachter_in modelliert. In meinen bisherigen Forschungen habe ich mich für eine ästhetische Perspektivierung entschieden – die man weiter differenzieren kann: in Präsenzästhetiken, Reflexionsästhetiken, materialästhetische Überlegungen und nicht zuletzt affekttheoretische Ästhetiken.[4]

Die ästhetische Perspektive auf Film und seiner Erfahrung ist insofern spannend, da sie sowohl für den medienpädagogischen, den bildungstheoretischen als auch für den medien- bzw. filmtheoretischen Diskurs noch ein Desiderat darstellt. Das Besondere und auch das Gemeinsame vieler Ästhetiken besteht darin, dass sie sich gegen eine theoretische Verkürzung der medialen Darstellung als Zeichen- und Kommunikationsgeschehen wenden. Film ist demnach – selbst in seiner dominanten Form als narrativer Film – nie nur Text oder semiotisches Darstellungs- und Kommunikationsmedium, sondern immer auch (und meines Erachtens grundlegend) ein Medium des *Wahrnehmbar-machens*. Es ist gleichsam immer auch Medium für ungerichtete, polyvalente Perzepte, Affekte und Affektionen, Somatik und Synästhesie auf Seiten seiner Betrachter_innen. Eine affekttheoretische Bestimmung der Film-Erfahrung versucht dementsprechend, das Wechselverhältnis, die Rückkopplung zwischen dem multimedialen Filmmaterial und seinen Betrachter_innen in der filmischen Aufführung zu beschreiben.

Die Philosophin Christiane Voss beispielsweise fasst dieses Verhältnis als «Verkörperung» des Films in der Dauer seiner Aufführung. Dieses Verhältnis, so führt sie weiter aus, ist als ein untrennbar ineinander verschlungenes zu denken: Die Betrachter_innen entäußern sich in die audiovisuellen Bewegungsbilder, folgen ihnen, lassen sich von ihnen bespielen. Dabei verlebendigen die Betrachter_innen die filmischen Bilder, Töne, Bewegungen, Farben, etc. auf je leicht verschiedene Weise – eben vor dem Hintergrund ihrer bisherigen biographischen Erfahrungen. Das, was dabei in der Film-Erfahrung entsteht, bezeichnet sie als einen «ästhetischen Leihkörper» (Voss 2013b). Dieser geht weder in der scheinbar auktorialen Inszenierung des filmischen Geschehens noch in der biographisch-gesellschaftli-

---

4   Ich belasse es an dieser Stelle bei der Aufzählung und verweise für eine differenzierte Darstellung unterschiedlicher ästhetischer Konzeptionen in Bezug zur filmischen Medialität auf Voss (2013a).

chen Identität der individuellen Betrachter_innen auf, sondern diese oszillierende Instanz der Film-Erfahrung bildet für die Dauer der Aufführung eine autonome «anthropomediale Relation» (Voss 2010). Diese Relation zwischen Kinofilm und Zuschauerkörper ist eine *Alterität*, die dementsprechend den identifizierenden Bemühungen einer individuellen Betrachter_in (schon während und nach dem Film) widersteht. Und trotzdem oder gerade weil die filmischen Erfahrungen sich in großen Teilen der nachträglichen Identifizierung, Beschreibung und Reflexion entziehen, sind sie in bildungstheoretischem Sinne eminent wirksam. Wie zuvor mit Adornos Verständnis von Bildung skizziert, gehe ich davon aus, dass wir unsere je individuellen Welt- und Selbstverhältnisse auch durch und mit den Filmen bilden, die wir im Laufe unserer Biographie sehen und erfahren.

Mit anderen Worten: das kinematographische Dispositiv wirkt als sozialisatorische Institution, in dem Filme sowohl die Aufmerksamkeit, das Bewusstsein als auch die Erinnerung der Zuschauer mitformen, allgemein: Bildungen und Subjektivierungen zeitigen – eben auch solche, die womöglich aus gesellschaftlicher oder pädagogischer Perspektive nicht gewünscht sind. Es handelt sich also um Bildungen, Einbildungen durch und mit Filmen, die unkontrolliert und unbeherrschbar ablaufen; Einbildungen, an denen ich zwar als Subjekt beteiligt war, aber nicht steuernd und auch nur in Teilen bewusst.

3. Das Spurenlesen in und mit Filmen ist die Verlängerung und reflexive Bearbeitung der beschriebenen flüchtigen Film-Erfahrung und kann als bildende Erfahrung verstanden werden

In Bezug auf den Spurbegriff lässt sich die Materialität und Multimedialität des Kinofilms und seiner Erfahrung mit Christiane Voss noch einmal so beschreiben:

> «Film ästhetisch zu erfahren (...) bedeutet, sich der dezentrierenden Materialfülle zu überlassen und sich von dieser Fülle richtungslos bespielen zu lassen. In Prozessen der immersiven Übersetzung von kinästhetischen und kognitiv-affektiven Regungen in die multimedialen Veränderungen des Leinwandgeschehens und den Rückübersetzungen von jenen in diese wird dem Kino insgesamt eine lebendige Körperlichkeit verliehen, die sowohl apparative als auch organische Spuren in sich zusammenführt.» (Voss 2011, 60)

Die Filme, die je individuellen Film-Erfahrungen, so kann man sagen, hinterlassen Spuren an den Betrachter_innen, die sich auf die Strukturen ihrer individuellen Welt- und Selbstverhältnisse auswirken. Wichtig ist mir, hier noch einmal zu betonen, dass diese affektiven ästhetischen Erfahrungen eben nur als *Spuren* begreifbar sind. Sie sind also nicht einfach und jederzeit in Form eines körperlichen

Erfahrungsbestands verfügbar oder als ein Erfahrungswissen abrufbar, sondern sie müssen dort aufgesucht werden, wo etwas in der Film-Erfahrung eines aktuellen Filmes besonders lustvoll, spannend, mühsam, irritierend oder auch fraglich, also in besonderem Maße affizierend war. Dort werden sie nachträglich, also in einer reflexiven Bewegung aufgenommen und durch das Lesen als Spuren erst hergestellt. Der Spurbegriff und die ‹Begriffsperson› der Spurenleser_in – wie sie unter anderem Sybille Krämer (vgl. Krämer 1998, 2007, 2008) in den kultur- und medienwissenschaftlichen Diskurs eingebracht hat – scheinen mir zur genaueren Beschreibung der subjektiven Haltung und der Übersetzungsarbeit, die in Bezug auf die ästhetische Erfahrung von Filmen zu leisten ist, äußerst geeignet. Denn die Spur ist selbst von Paradoxa durchzogen, sie ist sowohl Wahrnehmungslenkung als auch Wahrnehmung des Unwahrnehmbaren, sie verbindet eine Unmotiviertheit und Unaufmerksamkeit des Spurenlegens mit der Motiviertheit und Aufmerksamkeit des Spurenlesens, und sie umfasst sowohl materielle, aisthetische als auch semiotische Elemente. Spuren zeigen sich immer auf dem Hintergrund anderer Spuren (Erinnerungsspuren), die sich im Spurenlesen aktualisieren. Die mit dem Spurenlesen verbundenen Affektionen sind somit zum einen in engster Beziehung zu subjektiven Erwartungen und Wünschen zu verstehen, zum anderen werden deren Enttäuschungen als Überschreibungen bestehender subjektiver Erinnerungsspuren thematisierbar (vgl. Zahn 2012, 91–114).

Das Lesen von filmischen Spuren beginnt also immer mit einem Affizierungsvorgang, der sich vom entgegenkommenden Film befremden lässt. Diese Fremdheitserfahrung ist daran erkennbar, dass wie zuvor angedeutet Erwartungen der Filmbetrachter_innen durchkreuzt, ein gewohntes urteilendes oder gefühlsmäßiges Schließen nicht möglich scheint; dass ein scheinbar automatisierter Einsatz der subjektiven Vermögen außer Kraft gesetzt ist, die Affizierung (eben ganz im Gegensatz zum Gefühl) zunächst keinen Ausdruck findet und daher umso intensiver nach angemessen Antwortmöglichkeiten sucht. Filmische Perzepte, Affekte und entsprechende individuelle Affizierungen sind dabei, so Deleuze, etwas anderes als Gefühle (vgl. Deleuze 2000, 191f). Sie sind unabhängig von denen, die sie erzeugen oder empfinden; sie sind eben mehr und anderes als die Wahrnehmungen, Empfindungen und Gefühle der Schauspieler_innen, der Regie, der Kameraleute – eigentlich aller am Film Beteiligter – und auch aller je denkbarer Publica des Films – obwohl sie gleichsam auf sie angewiesen sind, um sich zu aktualisieren. Sie verweisen auf Zustände der Unterbrechung, der Öffnung, des Unbestimmten, in denen man eben nicht oder noch nicht weiß, was man über das Wahrgenommene denken, fühlen, wie man es beurteilen soll.

Eine große Schwierigkeit besteht darin, das Offene, das Fragliche der Erfahrungen mit den Filmen auszuhalten und sie nicht schon nach kurzer Zeit wieder durch identifizierende Schlüsse und Urteile anzuzeigen, zu beruhigen. Die angesprochene Haltung des Spurenlesens, die den Affizierungen und Befremdungen mit einer bejahenden, bewussten und suchenden gedanklichen Durchdringung begegnet, habe ich versucht in Begriffen der Verwunderung, des Staunens (Zahn 2013) und des Zauderns (vgl. Zahn 2012, 102ff) als die Gemengelage einer ganz bestimmten Aufmerksamkeit und Wahrnehmung zu beschreiben: der vom Film gebildeten Aufmerksamkeit des Subjekts kommt in der ästhetischen Erfahrung eine spezifische Form der subjektiven Wahrnehmung und Deutung hinzu, die wiederum in einem Prozess der Übersetzung und in Bezug auf diverse Konzentrations-, Aufschreibe- und Denktechniken gewonnen wird. Als dieses energetisch aufwendige, aktiv-passive Geschehen, zwischen der verwirrten subjektiven Wahrnehmung und der verzögerten Reaktion, ermöglicht das Zaudern oder die Verwunderung dem Spurenleser im Zeitraum der ästhetischen Erfahrung ein Zweifeln und aktives Befragen von zuvor fraglos vollzogenen Prozessen und Handlungen, von sich anbietenden Schlüssen, Interpretationen, Urteilen, auch von individuell selbstverständlich Gewordenem. Er schiebt eine abschließende Entscheidung oder ein Urteil auf, um in wiederholenden Denkbewegungen und Neuansätzen diverse Deutungsmöglichkeiten zu versammeln, die sich bestenfalls der Fremdheit des filmisch Präsentierten oder der eigenen Wahrnehmung annähern.

Die Spurenlese ausgehend von und mit Filmen wird in dieser Perspektive zur ästhetischen Bildung bzw. das Spurenlesen als ästhetische Erfahrung von Filmen kann als bildende Erfahrung verstanden werden, insofern sie es ermöglicht, die Auseinandersetzung des individuellen Subjekts mit Filmen auf der Folie der Unmöglichkeit ihrer identifizierenden Aneignung zu denken; indem sie bei ihren analytischen und ästhetischen Interpretationsbemühungen die Widerständigkeit und Alterität der intensiven, affektiven filmischen Erfahrung anerkennt. Bildung gerät dabei zu einer unendlichen Suchbewegung nach Artikulationen für die mediale Verfasstheit subjektiver Welt- und Selbstverhältnisse, die wiederum nur performativ in unterschiedlichen medialen Gefügen vollzogen und durchgemacht werden kann. Film-Bildung kann dementsprechend als die ästhetische Reflexion der schon zuvor mit und am Film, an Filmen gebildeten Erfahrungen, Einbildungen und Subjektivierungen beschrieben werden. Eine ästhetische Film-Bildung wäre somit der kontinuierliche Prozess der Umstrukturierung medialer Welt- und Selbstverhältnisse am und durch das filmische Vor-Bild, der sich reflexiv am Subjekt vollzieht, ohne dabei jemals dem Subjekt in Gänze transparent werden zu können.

Wie müsste eine ästhetische Filmvermittlung konzipiert sein, die Film-Bildung im zuvor skizzierten Sinne ermöglichen will?

Ein solches Konzept liegt meines Wissens noch nicht vor, sondern müsste in Bezug auf Schule noch ausgearbeitet werden. Ich möchte abschließend einige Punkte nennen, die ich für die Entwicklung eines solchen Konzepts schulischer Filmvermittlung als wichtig erachte. Die genannten Punkte beanspruchen keine Vollständigkeit, sondern sind vielmehr als Diskussionsanregungen zu verstehen.

Eine ästhetische Filmvermittlung erschließt in historischer Perspektive die Vielfalt des Films hinsichtlich seines Materials, seiner Technik, seines ‹Ortes›, seiner Aufführung- sowie der Produktions-, Distributions- und Rezeptionspraktiken, seiner Kritik u.a.m. Dabei gilt es insbesondere die Vielfalt filmischer Erfahrungen (im Museum, im Kino oder im WWW) zu ermöglichen und in ihrer Unterschiedlichkeit zu reflektieren.

Sie macht idealerweise den Schüler_innen, jenseits eines Kanons, die ganze Breite filmischer Artikulationsformen zugänglich, um die Chancen für affizierende Erfahrungen mit Film zu erhöhen. Dabei könnte ein leitendes Prinzip sein, den Schülern_innen solche Filme zu zeigen, die sie noch nicht gesehen haben oder die für sie jenseits der Schule schwer zugänglich sind. Insbesondere experimentelle und künstlerische Arbeiten im Medium Film könnten hier hilfreich sein (vgl. Zahn 2013b). Denn Experimentalfilme stellen nicht nur häufig die Ergebnisse ihrer Experimente mit Formen, Farben und Materialien des Films dar, sondern eine ebenso große Anzahl an experimentellen Filmen, folgen einem Konzept, das mit den meist am Spielfilm gebildeten Erfahrungen und Erwartungen der Filmzuschauer rechnet. Sie durchkreuzen bewusst die Sehgewohnheiten und Illusionierungswünsche ihrer Zuschauer. Sie präsentieren Bewegungen, Bilder und Töne, die den Zuschauer bestenfalls dazu auffordern, sowohl ihre Form und Verknüpfungen als auch die eigenen Erwartungen und Rezeptionshaltungen gegenüber Filmen zu erkunden und zu reflektieren. Experimentalfilme können so Fragen aufwerfen. Man kann auch sagen, die Filme legen eine induktive Methode nahe, die dem zuvor vorgestellten Konzepts des Spurenlesens nahekommt: Von der Begegnung mit einem Film aus werden Fragen entwickelt und festgehalten, die wiederum an diesen Film, dann auch vergleichend an andere Filme gestellt werden können – und darüber hinaus auch an Filmtheorien gerichtet werden können, ob diese Antworten auf die durch den Film aufgeworfenen Fragen haben. So entstehen in der forschenden Suche vom experimentellem Film aus neue Verbindungen zwischen Filmen, ihrer subjektiven Erfahrung und bestehenden Filmtheorien.

Eine ästhetische Filmvermittlung braucht dementsprechend andere Räume und Zeiten für eine längere Beschäftigung mit Film, jenseits der unterrichtlichen Taktung und engen curricularen Vorgaben, wie beispielsweise Filmwerkstätten,

-workshops oder -AGs. In diesen Zeiträumen können die Schüler_innen interessegeleitet ihren filmischen Erfahrungen und Affizierungen auf die Spur kommen, rezeptiv, analytisch wie filmpraktisch und dieselben artikulieren. Dabei setzt eine ästhetische Filmvermittlung nicht nur darauf, die subjektiven Erfahrungen in Sprache oder in Schrift zu übersetzen. In den Filmwerkstätten, Film-AGs oder auch in Projektwochen können affektive Reaktionen auf den Film wiederum im Medium des Films beantwortet und artikuliert werden.

Des Weiteren stellt sich die Frage, wie man die intensiven, ästhetischen Erfahrungen mit Filmen begleitet; wie man als Filmvermittler_in die Irritationen, die Brüche und Zumutungen der Filme zu Anlässen von ästhetischen Bildungsprozessen wendet. Mit anderen Worten: wie kann man mit Filmen die Haltung des Spurenlesers bei den Schüler_innen bilden? Mit Sicherheit lässt sich eine solche ästhetische und spurenlesende Auseinandersetzung mit Film nicht beibringen, in didaktischen Konzepten planen oder in standardisierten Kompetenzen formulieren. Sie kann sich nur ereignen, denn das Spurenlesen ist intensiv, singulär und in seinen Richtungen und Verzweigungen unvorhersehbar. Und doch lassen sich einige Voraussetzung benennen: (1) Erste und wichtigste Voraussetzung für dieses bildende Denken mit Film ist die Unterbrechung, die Entbildung sowohl von bestehenden individuellen Welt- und Selbstbildern als auch von bisherigen theoretischen ‹Bildern› bzw. Vorstellungen von Filmbildung und Filmpädagogik. (2) Damit zusammenhängend ändert sich die Haltung und das Selbstverständnis der Filmvermittler_innen: sie verstehen sich nicht als wissende «Dritte» (zwischen Film und Zuschauer_innen) sondern als Teile des Publikums, die versuchen aus ihren individuellen, biographischen Positionen heraus, ihre ästhetische Film-Erfahrungen in Spuren zu übersetzen und mitteilbar zu machen. Sie leben dabei gleichsam inkorporiert die Haltung des Spurenlesens vor, eingeschlossen die dazu notwendige Aufmerksamkeit, die genaue und bewusste Anschauung des filmischen Materials gepaart mit einem Wissen um die Relativität filmischer Wirklichkeitsbehauptungen, die bejahende Haltung gegenüber Befremdungen und somit des Unbestimmten, des Nicht-Wissens und des Fraglichen, des subjektiv Interessanten, u.a.m.

Daraus ergibt sich, dass eine ästhetische Filmvermittlung in der Schule zugleich eine Umstrukturierung der Lehrer_innenbildung und –weiterbildung erfordert. Auch dort müssten Zeiträume und Formate geschaffen werden, in denen sich die Lehrer_innen in eine ästhetische Haltung gegenüber Film einüben können.

Literatur

Adorno, Theodor W. (1959) Theorie der Halbbildung, in: *Gesammelte Schriften*, Bd. 8. Soziologische Schriften I, Frankfurt am Main: Suhrkamp, S. 93–121.

Bergala, Alain (2006) *Kino als Kunst. Filmvermittlung an der Schule und anderswo*, Marburg: Schüren.

Deleuze, Gilles (1998) *Das Bewegungs-Bild. Kino1* (2. Aufl.), Frankfurt am Main: Suhrkamp.

- (1999) *Das Zeit-Bild. Kino2* (2. Aufl.), Frankfurt am Main: Suhrkamp.
- /Guattari, Félix (2000) *Was ist Philosophie?*, Frankfurt am Main: Suhrkamp.

Engell, Lorenz (2003) *Bilder des Wandels*, Weimar: VDG.

Flusser, Vilém (2000) Vorlesungen zur Kommunikologie. In: *Kommunikologie*, Frankfurt am Main: Fischer, S. 235–351.

Henzler, Bettina (2013) *Filmästhetik und Vermittlung. Zum Ansatz von Alain Bergala – Kontexte, Theorie und Praxis* (Bremer Schriften zur Filmvermittlung Bd. 3), Marburg: Schüren.

Koller, Hans-Christoph/Marotzki, Winfried/Sanders, Olaf (Hg.) (2007) *Bildungsprozesse und Fremdheitserfahrung. Beiträge zu einer Theorie transformatorischer Bildungsprozesse*, Bielefeld: transcript.

Koller, Hans-Christoph (2012) *Bildung anders denken. Einführung in die Theorie transformatorischer Bildungsprozesse*, Stuttgart: Kohlhammer.

Krämer, Sybille (1998) Das Medium als Spur und als Apparat, in: Dies. (Hg.) *Medien, Computer, Realität. Wirklichkeitsvorstellungen und Neue Medien*, Frankfurt am Main: Suhrkamp, S. 73–94.

Krämer et al (Hg.) (2007) *Spur. Spurenlesen als Orientierungstechnik und Wissenskunst*, Frankfurt am Main: Suhrkamp.

Krämer, Sybille (2008) *Medium, Bote, Übertragung. Kleine Metaphysik der Medialität*, Frankfurt am Main: Suhrkamp.

Marotzki, Winfried (1990) *Entwurf einer strukturalen Bildungstheorie. Biographietheoretische Auslegung von Bildungsprozessen in hochkomplexen Gesellschaften*, Weinheim: Deutscher Studienverlag.

Meyer, Torsten (2006) Aktuelle Kunst, aktuelle Medien und die Schule. Zehn Thesen. In: Siemens Arts Program (Hg.) *kiss – Kultur in Schule und Studium. Film, Video und Fotografie in der Schule. Fünf Unterrichtseinheiten zu den Künstlern Thomas Demand, Stan Douglas, Asta Gröting, Birgit Hein, Christian Jankowski*, München: Siemens Arts Program, S. 4–11.

Peukert, Helmut (1984) Über die Zukunft der Bildung. In: *Frankfurter Hefte*, FH-extra 6, S. 129–137.

Schäfer, Alfred (2009) Bildende Fremdheit. In: Wigger, Lothar (Hg.) *Wie ist Bildung möglich?*, Klinkhardt: Bad Heilbrunn, S. 185–200.

Sommer, Gudrun/Hediger, Vinzenz/Fahle, Oliver (Hg.) (2011) *Orte filmischen Wissens. Filmkultur und Filmvermittlung im Zeitalter digitaler Netzwerke*, Marburg: Schüren.

Voss, Christiane (2010) Auf dem Weg zu einer Medienphilosophie anthropomedialer Relationen. In: *ZMK – Zeitschrift für Medien- und Kulturforschung* 2, S. 170–184.

- (2011) Kinematografische Subjektkritik und ästhetische Transformation. In: Draxler, Helmut/Krümmel, Clemens/Leeb, Susanne/Siepen, Nicolas/Weskott, Aljoscha (Hg.) *Felix Guattari. Die Couch des Armen. Die Kinotexte in der Diskussion*, Berlin: b_books, S. 53–62.
- (2013a) Der affektive Motor des Ästhetischen. In: Deines, Stefan/Liptow, Jasper/Seel, Martin (Hg.) *Kunst und*

Erfahrung. Beiträge zu einer philosophischen Kontroverse, Berlin: Suhrkamp, S. 195–217.
- (2013b) Der Leihkörper. Erkenntnis und Ästhetik der Illusion, München: Fink.

Walberg, Hanne (2011) Film-Bildung im Zeichen des Fremden. Ein bildungstheoretischer Beitrag zur Filmpädagogik, Bielefeld: transcript.

Zahn, Manuel (2012) Ästhetische Film-Bildung. Studien zur Medialität und Materialität filmischer Bildungsprozesse, Bielefeld: transcript.

- (2013a) Das staunende Sehen im Blick des Films. Von Perzepten, Zeichen und (dem) Wundern. In: Pazzini, Karl-Josef/Sabisch, Andrea/Tyradellis, Daniel (Hg.) Das Unverfügbare. Wunder, Wissen, Bildung, Zürich, Berlin: diaphanes, S. 199 – 210.
- (2013b) Experimentalfilme als filmvermittelnde Filme. In: Nach dem Film 13, www.nachdemfilm.de, 10.02.2014.

Constanze Balugdzic/Anna-Helen Brendler/Anne Heimerl/
Judith Klein/Janna Lihl/Lisa Meier/Jane Sichting/Katharina Spiel

Filme bilden

Zu aktuellen Konzepten der Filmvermittlung und dem Potenzial ihrer praktischen Umsetzung

Die Bildung durch Film und seine Vermittlung ist ein neues Feld im pädagogischen Kanon deutscher Bildungseinrichtungen. Anknüpfend an das Mastermodul «Wer Bildung will, darf Bildung nicht wollen – Bildungstheorien. Perspektiven der Filmvermittlung» an der Bauhaus-Universität Weimar im Sommersemester 2013, greift dieser Artikel zum einen theoretische Konzepte auf und stellt zum anderen praktische Anwendungsbeispiele im internationalen Vergleich vor. Der Fokus richtet sich dabei auf bildungstheoretische Ansätze von Humboldt, Adorno und Horkheimer, filmwissenschaftliche Überlegungen von Bergala und aktuelle Forschungsarbeiten von Hagener, Henzler, Pantenburg, Wegner und Zahn (Letztere auch in diesem Band). Des Weiteren wird die praktische Arbeit mit Kindern und die damit verbundene Erprobung eben jener theoretischen Bausteine anhand gewonnener Beobachtungen beim Film-Festival *Goldener Spatz* und der Durchführung eines Workshops mit Kindern der ersten und zweiten Klasse an einer Erfurter Grundschule reflektiert. Ziel des Artikels ist es, Verknüpfungen von Theorie und Praxis aufzuzeigen und damit die Stellung filmpädagogischer Maßnahmen innerhalb des klassischen Bildungskanons zu etablieren und in dieser Konsequenz nachhaltig zu festigen.

Film erweist sich in der heutigen Zeit als omnipräsentes Medium. Dennoch scheint die Vermittlung von Film in Deutschland bisher noch Neuland im Kanon filmpädagogischer und medienwissenschaftlicher Ansätze zu sein. Tatsächlich entfernt sich Film zusehends von seiner textuellen, kulturellen sowie ökonomischen Konsistenz (vgl. Hagener 2011, 45). Dementsprechend wird er im Zeitalter der Medienkonvergenz als Hybridmedium wahrgenommen, das sich in eine Vielzahl materieller und immaterieller Fragmente aufzulösen droht. Aus diesem Grund müssen multidimensionale Zugänge und Ansätze erarbeitet werden, um diesem Medium auf einer neuen, angemessenen Ebene begegnen zu können – auch und vor allem

Filme bilden

in Bezug auf Bildung durch und Vermittlung von Film. Dieser wirkt heute einerseits als Bindeglied eines weitreichenden Netzwerkes von Dienstleistungen und Konsumgütern (vgl. ibid., 47ff), wodurch die flüchtige Natur des einst materiellen Mediums merklich schwindet. Andererseits fungiert er aber auch als *Lingua Franca* – als Sprache, die weltweit verstanden wird, Kulturen verbindet und dadurch auf die umfassende Relevanz und Geltung ihrer selbst verweist (vgl. ibid., 50f). Film ist längst zu einer Lebensform geworden, die Kultur und somit auch die in ihr lebenden Individuen maßgeblich prägt und fortwährend umgibt.

Anhand dieses komplexen Sachverhalts wird deutlich, dass die unscharfe und verschwommene Allgegenwart des Films heute nur schwer zu fassen ist. Medien, und Filme in ihrer Rolle als Teil selbiger, repräsentieren Realität, weswegen unser Alltag immer auch von ihnen bestimmt und durchdrungen wird. Daher ist es unmöglich, Wirklichkeit unabhängig von Medien zu denken. «[U]nsere Wahrnehmung und unser Denken [sind] kinematographisch geworden» (vgl. ibid., 52), wodurch die reziproke Beziehung zwischen Individuum und Medien mit ihren Inhalten deutlicher denn je zu Tage tritt: Die Vorstellung vom Selbst und der Welt ist durch Medien vorgegeben. Im Zeitalter omnipräsenter Medienimmanenz verschwindet der sinnlich wahrnehmbare Horizont, von dem aus es möglich wäre, filmisch losgelöste Urteile zu treffen. Jede Erfahrung, jede Empfindung, jede Vorstellung von Selbst und Welt, ist immer schon medialisiert beziehungsweise entsteht immer in Referenz zu medialen und medial vermittelten Inhalten (vgl. ibid., 52). Ein voneinander unabhängiges Sein von Film und Realität ist nicht länger möglich; ein Denken außerhalb des medialen Referenzrahmens nicht existent. Die Akzeptanz dieser Immanenz und die Überwindung der dichotomen respektive dualistischen Logik von Innen- und Außenwelt, von Wahrgenommenem und Wahrnehmendem, von Subjekt und Objekt, ist daher der nächste Schritt im Verständnis der Bedeutungszuschreibung von Film.

Ausgehend von dieser Perspektive repräsentiert Film im Zeitalter der Medienkonvergenz nicht länger Realität, sondern wird selbst zur Welt, in der es keine Realität außerhalb des Films gibt. Somit ist das Medium Film durch seine kontinuierliche Wandlung und seine unseren Alltag umspannende und definierende Struktur präsenter und bedeutender denn je, besonders in Bezug auf Kinder und Heranwachsende, die in diese medialen Welten hinein- und mit ihnen aufwachsen.

Alain Bergala – Kino als Kunst und Vereinbarkeit von Bildung und Film

Eine darauf Bezug nehmende Thematisierung dieser Problemstellung gewinnt gleichermaßen auch im wissenschaftlichen Kontext immer stärker an Präsenz. Entsprechend produktiv erwies sich das im Sommersemester 2013 an der Bauhaus-Universität Weimar angebotene Studienmodul mit dem Titel «Wer Bildung will, darf

Bildung nicht wollen – Bildungstheorien. Perspektiven der Filmvermittlung», das sich mit jener fortschreitenden Medienimmanenz in der heutigen Gesellschaft beschäftigte, seinen Fokus allerdings vorwiegend auf die wechselseitige Verschränkung von Medien – im Speziellen Film – und Bildung legte. Dabei wurden sowohl verschiedene Bildungstheorien wie auch die Frage nach dem gegenwärtigen Verständnis des Begriffs ‹Bildung› diskutiert. Darüber hinaus wurde untersucht, inwiefern Bewegtbild-Medien Potenzial für einen erweiterten Bildungsansatz bieten können. An genau dieser Schnittstelle ansetzend, konzentrierte sich ein zweiter Schwerpunkt des Studienmoduls auf die praktischen Verfahren der Filmvermittlung.

Insbesondere die Ansätze und Konzepte des französischen Filmtheoretikers Alain Bergala zogen sich als roter Faden durch das Modul und fanden sich zahlreich in der gelesenen Literatur in Form von Querverweisen, Zitaten und Weiterentwicklungen seiner Ideen wieder (vgl. Henzler 2009a, 9). Speziell in der Frage nach einer möglichen Verbindung von Film und Bildung sind die Konzepte von Alain Bergala – wiederum stark beeinflusst von seiner eigenen Biografie – wegweisend.

Für Bergala, der nach eigenen Angaben bildungsfern aufwuchs (vgl. Bergala 2006, 16), gingen Bildung und Film Hand in Hand: Zunächst war es die schulische Bildung, die ihm den Eingang in die Universität und damit in die Welt der Filme gewährte, im Weiteren erfuhr er erst durch die Begegnung mit Filmen eine Persönlichkeitsbildung, die ihm die schulischen Einrichtungen auf diese Weise nicht zu geben vermochten (vgl. ibid., 15ff). Im Anschluss an sein Lehramtsstudium sowie seine Lehrtätigkeit in Marokko schrieb er in Paris als Redakteur für die *Cahiers du Cinéma*. Im Jahr 2000 erhielt Bergala von dem damaligen französischen Bildungsminister Jack Lang die Einladung in einer Expertengruppe mitzuwirken, welche im französischen Schulsystem ein Projekt zur Kunst- und Kulturvermittlung einführen sollte (vgl. ibid., 15). Im Anschluss an diese zweijährige Tätigkeit schrieb er den Essay *Kino als Kunst. Filmvermittlung an der Schule und anderswo*, welcher dem Studienmodul maßgebliche Impulse zum Denken und Arbeiten gab. Dieser Essay sowie seine späteren Schriften tragen die Handschrift der französischen *Cinéphilie* (vgl. ibid., 11).

In den 1960er-Jahren, während Bergalas Studium, galten Strukturalismus, Linguistik und Semiologie als dominierende Wissenschaften an den Universitäten und prägten maßgeblich das französische Denken (vgl. Henzler/Bergala 2011, 162). Es galt, Zeichen und Symbole zu ‹entschlüsseln›, um Manipulationen und Ideologien aufzudecken. Das Filmpublikum sollte zu einer emanzipierten Dechiffrierung befähigt werden, um sich gegen potenziell manipulierende Medien zu wappnen. Diese Herangehensweise verhinderte im Fall des Kinos einen sinnlichen Zugang an die Bild- und Klangkunst, durch den sich eben jenes auszeichnet (vgl. Bergala 2006, 37). Bergala plädiert daher für ein Verständnis von Kino als Kunst und wendet sich gegen eine Subsumierung des Kinos unter die Massenmedien. Kunst, so seine

Auffassung, lasse sich nicht unterrichten, man begegne ihr. Kino- respektive Film-Kunst sollte als Alterität wahrgenommen werden (vgl. Henzler 2009a, 12) und den Charakter des Widerständigen behalten, aufgrund dessen sie sich einfacher Rezeption und simplem Konsum entzieht. Bergala stellt die entscheidende Frage, die auch die Kursteilnehmer beschäftigte: «Kann eine Institution wie das Schulsystem der Kunst (und dem Kino) als Alterität Rechnung tragen» (Bergala 2006, 31)?

Die Problematik besteht im gegensätzlichen Charakter von Institution und Kunst: Denn «Kunst stiftet per definitionem Unruhe in der Institution», so Bergala (ibid., 30). Bildungseinrichtungen jedoch neigen dazu, Begegnungen mit Alterität zu nivellieren. Anstatt dem Werk Zeit zu geben, «all seine Resonanzen zu entfalten» (ibid., 53), wird zu einer vorschnellen Analyse gegriffen. Des Weiteren ist es schwierig, Kunst in den Unterricht zu integrieren, da sie «auf anderen Wegen vermittelt [wird] als im reinen Diskurs des Wissens, manchmal sogar ohne jeden Diskurs» (ibid., 30). Es handelt sich folglich um ein Wissen, das nicht «objektiv vermittelbar [ist], das Sprechen und Schreiben über Film kann nur aus einer Resonanz zwischen dem Werk und seinem Rezipienten entstehen. Jede Filmlektüre ist subjektiv» (Henzler 2009a, 24). Bergala kritisiert, dass die Schule aufgrund ihrer Funktionsweise und Struktur keinen sinnlichen, suchenden und individuellen Lernprozess unterstützen kann (vgl. ibid., 32), sondern noch immer im sprachlichen und ideologiekritischen Ansatz verhaftet ist. Im schulischen Umfeld ist es noch immer Usus, Filme einzig als Anlass zur Diskussion über ein Thema zu zeigen (vgl. Bergala 2006, 42), da die Lehrenden sich an einen Lehrplan und zu vermittelnde Inhalte gebunden sehen. Die nach Bergala als wichtig empfundenen Filme sind jedoch selten konventionell und thematisch verwertbar, das heißt leicht verdaulich und in einfache und politisch korrekte Ideen übersetzbar (vgl. ibid., 36). Aufgrund der Tatsache, dass die Schule für manche Kinder der zentrale Ort ist, an dem sie in einem didaktischen Rahmen mit Filmen in Berührung kommen, sollte auch zukünftig ein regelmäßiger Umgang mit diesem Medium sichergestellt werden.

Bildung heute – Filmbildung morgen

Das noch immer unterschätzte Potenzial von Film und damit einhergehend von Filmvermittlung ist ebenfalls ein wesentlicher Kritikpunkt an Lehrplänen von deutschen Schulen. Es fehlt in diesem Zusammenhang an flächendeckenden, einheitlich konzipierten Bildungsreformen, die gezielt an pädagogisch wie didaktisch wertvollen Methoden arbeiten und somit Film und Bildung nachhaltig miteinander verbinden. Folglich befindet sich Filmbildung als eigenständiger und fester Bestandteil des Unterrichts noch im Anfangsstadium (vgl. Zobl 2009).

Mit dem Ziel, zu Semesterende einen eigenen Film-Workshop an einer Erfurter Grundschule zu gestalten, widmete sich das Studienmodul dem Thema Film und

Bildung auf unterschiedliche Weise: Ausgehend von der Frage, worin sich Filmvermittlung und Filmbildung differenzieren, wurde dabei zunächst versucht, den Begriff der Bildung ganz allgemein zu definieren und der gegenwärtige Gültigkeitsanspruch traditioneller Bildungstheorien zur Diskussion gestellt. Als bestätigt erwiesen sich insbesondere die von Wimmer formulierte These: «Wenn man Bildung will, darf man Bildung nicht wollen» (Wimmer 2010, 17), sowie der Ansatz von Humboldt (1993, 506ff), Bildung als eine aktive Tätigkeit im Sinne eines regelmäßigen Fortschreitens zu verstehen, die nur aus einem eigenen Drang heraus, nicht aber unter innerer Entfremdung stattfinden kann. Ähnlich gestaltet sich das Bildungskonzept bei Horkheimer. Dieser vergleicht den Begriff der Bildung mit der Praxis des Formens und bringt ihn in engen Zusammenhang mit Persönlichkeitsbildung, Erfahrung und Hingabe (vgl. Horkheimer 1985, 409ff). Auch Theodor W. Adornos Theorie der Halbbildung (vgl. Adorno 1995, 91ff) liefert fundamentale Aussagen zu Bildung, die bis heute als gültig angesehen werden können. Adorno spricht von Bildung als einem aktiven Prozess, einem mit der Praxis des kritischen Hinterfragens untrennbar verbundenen Wissenserwerb. Anstelle geistiger Verdoppelung durch passives Wiederholen des allgemein Akzeptierten, beruft er sich auf die Freiheit und Dynamik von Bildung, einem inneren, nicht primär zielgerichteten Bildungstrieb, sowie auf die Erfahrung anstelle einer zweckorientierten Informiertheit (vgl. ibid.).

Die verschiedenen Bildungstheorien verbinden die Relevanz der Leidenschaft mit eigenem Handeln. Bildung bedeutet Freude an der Auseinandersetzung mit sowohl theoretischen Konzepten als auch praktischen Lehr- und Lernmethoden in der Gruppe. Anstelle von Frontalunterricht unter Zwang bedarf es spielerisch angelegter Lernkonzepte, einer fairen und interaktiven Lernatmosphäre sowie der Förderung der Bereitschaft zur kritischen Auseinandersetzung.

Filmbildung und Filmvermittlung sind nur schwer voneinander zu trennen. Sie stehen vielmehr in einer engen Wechselbeziehung zueinander (vgl. Zahn in diesem Band, der eine weitere Differenzierung zwischen Lernen und Bildung einführt). In der Filmvermittlung geht es nicht um starres Filmwissen, das kanonisiert gelehrt wird, sondern um einen mit Leidenschaft und Hingabe geführten, offenen Bildungsprozess, der unter anderem zu einem dynamischen Filmdenken, dem Erkennen von Zusammenhängen, wiederkehrenden Motiven und Mustern sowie dem Verknüpfen einzelner Filmfragmente aus unterschiedlichen Zeiten, Ländern, Genres und Themenkomplexen anregen soll. Darüber hinaus stellt sich stets die Frage nach der Verortung und dem Wesen des Films. Filmbildung hingegen ist weder auf einen bestimmten Inhalt ausgerichtet, noch als Herstellungsprozess eines bestimmten Produktes zu verstehen. Vielmehr handelt es sich um einen individuellen Erfahrungsprozess (vgl. Wimmer 2010, 14ff). An die Stelle von richtigen oder falschen Antworten tritt eine Vielzahl von Deutungsmöglichkeiten, die anhand einer tiefergehenden Auseinandersetzung helfen, eine mögliche anfängliche Fremd-

Filme bilden

heit zu überwinden und das Verstehen des jeweiligen Filmmaterials erst zu ermöglichen. Filmbildung bezeichnet folglich das emotionsorientierte und sinnliche Wahrnehmen von Filmen, die persönliche und unmittelbare Erfahrung mit dem Medium Film sowie den persönlichkeitsprägenden Prozess, der in der Interaktion von Film und Publikum ausgelöst wird (vgl. Henzler 2009b, 69ff). Filmbildung passiert mit dem Publikum, regt zur Auseinandersetzung an und fördert die (Heraus-)Bildung von Geschmacks- und Urteilsfähigkeit sowie sozial-moralischem Bewusstsein (Middel 2011).

Aufgabe von Filmvermittlung – ob in der Pädagogik, in der Filmwissenschaft oder durch Filmschaffende – ist folglich, Film in seiner Eigenheit selbst als Vermittlungsinstanz in einem offenen und unvoreingenommenen Wahrnehmungsmodus auf das Publikum wirken zu lassen (vgl. Pantenburg/Schlüter in diesem Band). Der Film als Unterrichtsmaterial dient nicht mehr primär der vermittelnden Unterstützung von Lerninhalten, sondern wird selbst zur Vermittlungsinstanz (vgl. Wegner 2010, 149ff und in diesem Band). Filmbildung ist immer als Bildungsprozess *mit* und zugleich *über* Film zu verstehen und führt, sofern erfolgreich, zu Selbstbildung. Folglich erlangen Beteiligte nicht nur umfangreiches Wissen über das Medium Film, sondern lernen darüber hinaus etwas über sich selbst in ihrer Beziehung zur Welt, die von der Medienimmanenz des Films permanent durchdrungen wird. Diejenigen, die sich durch den Film bilden, entdecken in dieser Konsequenz immer auch das Eigene im Fremden und das Fremde im Eigenen. Filmbildung bedarf demnach nicht der bloßen Lektüre filmwissenschaftlicher Literatur, dem Studieren eines vermeintlichen Filmkanons und dem Beiwohnen eines frontalen Unterrichts, sondern vielmehr einer sowohl umfangreichen als auch abwechslungsreichen Auseinandersetzung mit dem Gegenstand Film. Um Filmvermittlung entsprechend effektiv und gewinnbringend anwenden zu können, bedarf es neben grundlegenden Vorkenntnissen zu filmischen Funktionsweisen auch aufmerksamkeitsfördernder Rahmenbedingungen, was wiederum für eine frühzeitige Einführung von Kindern in den Gegenstandsbereich Film spricht.

Entscheidend für eine produktive Wechselbeziehung von Filmbildung und Filmvermittlung sind vor allem die Kombinationen und Verknüpfungen theoretischer und praktischer Bildungselemente, das eigene Erleben und aktive Fortschreiten in einem nahezu spielerischen Lernprozess sowie die Unvoreingenommenheit in der gleichberechtigten Interaktion zwischen Lehrenden und Lernenden.

Constanze Balugdzic u.a.

Internationale Filmvermittlungs- und Filmbildungsansätze

Ein exemplarischer Ansatz, wie sich Kunst beziehungsweise Film als sinnvolle Lehr- und Lernmethode in den Unterricht integrieren lässt, findet sich in Bergalas Konzept des *Passeur*[1]. Dieses kam im Laufe des Moduls immer wieder zur Sprache und diente unter anderem als Leitfaden für unsere Rolle im späteren eintägigen Workshop mit zehn Kindern der ersten und zweiten Klasse einer Erfurter Grundschule. Dieser gliederte sich in zwei Teile: einerseits die Vermittlung des Prinzips der Montage anhand von Einzelbildern, andererseits das Herantasten an die Produktion von Kurzfilmen.

Wichtigste Aufgabe eines *Passeur* ist es, durch das Einbringen seiner persönlichen Vorlieben den Kindern die Liebe zum Film beziehungsweise zum Kino zu vermitteln. Anhand der Passion für den filmischen Gegenstand muss ein *Passeur* das Begehren der Kinder wecken, denn laut Bergala kann Bildung nur über dieses Begehren geschehen (vgl. Henzler 2009a, 17). Der *Passeur* soll «seine durch die Institution definierte und begrenzte Rolle als Lehrer auf[geben] und [...] von einer anderen, ungeschützteren Stelle seiner selbst her in Beziehung und ins Gespräch mit seinen Schülern» treten (Bergala 2006, 52). Zentral bei dieser Tätigkeit ist es, Werke zueinander in Beziehung zu setzen und auf Verwandtschaften hinzuweisen, um neben dem Vergnügen am Film auch ein Verstehen zu ermöglichen (vgl. ibid., 54f).

Neben Bergala gibt es in Frankreich, aber auch in Spanien und Deutschland einige Beispiele, wie praktische Filmvermittlung stattfinden kann. In Frankreich, im filmpädagogischen Konzept der *Cinémathèque française*, geht es vor allem darum, durch das Zeigen verschiedener Filmausschnitte aus Vergangenheit und Gegenwart zu unterschiedlichen thematischen Schwerpunkten – unter anderen *groß/klein*, *Rebellen*, *Liebesdialoge* – Kinder zum Herstellen von Verbindungen zwischen den Filmausschnitten anzuregen und ihren kinematografischen Horizont zu erweitern. Hier zeigen sich deutliche Parallelen zu Bergala. Begleitet werden sie dabei von *Conférenciers*, die die Aufgabe haben, die Kinder mit Fragen zum Nachdenken anzuregen und ihre Aufmerksamkeit und Beobachtungsgabe zu schärfen (vgl. Bourgeois 2010, 89ff).

Ein deutsches Beispiel für Filmvermittlungspraxis stellt die *KurzFilmSchule* dar. Hier liegt der Fokus auf der künstlerischen Filmpraxis. In den Workshops der *KurzFilmSchule* sollen Schüler_innen, angeleitet von Filmvermittler_innen, die teils selbst Filmschaffende sind, einen Kurzfilm produzieren (vgl. Rippel/Zahn 2010, 110). Das Ziel dabei ist, «eine Erweiterung des Verständnisses von Film und des Filmschaffens im Rahmen schulischer Bildung» (vgl. ibid., 111). Das Konzept der künstlerischen Filmvermittlung, an dem sich hier orientiert wird, soll Kinder und Jugendliche dazu

---

1 Der Begriff *passeur* stammt im Original von Alain Bergala und wird in diesen Text unkritisch übernommen. Der Begriff wird hier geschlechterübergreifend verwendet.

anregen, neue ästhetische Ansätze und Perspektiven zu entdecken. Es geht nicht darum, gesichertes Film-Wissen zu vermitteln oder mit professionellem Filmequipment vertraut zu werden, vielmehr sollen sie ihre eigenen Wege finden, ohne sich nach bestehenden Normen oder Vorgaben zu richten (vgl. ibid., 114).

Der spanische Verein *A Bao A Qu* hingegen konzentriert sich in seiner Arbeit darauf, «Kunst in der Schule als Schaffensprozess zu vermitteln, sowohl in dem (zweifellos wichtigsten) Moment ihrer Entstehung als auch im Moment der Auseinandersetzung mit Werken bekannter Künstler» (Aidelman/Colell 2010, 101). Aufgrund dessen gibt es in ihren Workshops neben theoretischen Auseinandersetzungen stets einen großen praktischen Teil, in dem die Kinder ihre künstlerische Kreativität ausleben können. Die anwesenden Pädagogen und Vermittler sollen ihnen dabei größtmöglichen Freiraum bieten und sie ihre eigene Wahl treffen lassen, nicht aber ohne gewisse Arbeitsanweisungen und Spielregeln festzulegen, auf deren Einhaltung geachtet werden muss (vgl. ibid., 102ff) – Prinzipien, die wir auch im Workshop befolgt haben.

Die praktische Umsetzung im Workshop: Lehren «ohne zu lehren»

Durch die zuvor beschriebene Rolle des *Passeur* ist ein Lehren «ohne zu lehren» (Bergala 2006, 52) möglich, wodurch Bildung, ohne als solche deklariert zu sein, erfahrbar wird. Dadurch verschiebt sich die Hierarchie zwischen Lehrenden und Lernenden zu einem gleichwertigen Miteinander. Neben der theoretischen Auseinandersetzung bot das Modul den Studierenden eben diese Möglichkeit, die Begegnung auf Augenhöhe zu erleben. Bei einer gemeinsamen Filmsichtung im Rahmen des Kinder-Medien-Festivals *Goldener Spatz* in einem Kino voller Kinder zwischen acht und zwölf Jahren konnte genau dieser Umstand beobachtet werden. Der gezeigte Kinderfilm Das Haus der Krokodile (D 2012, Cyrill Boss, Philipp Stennert) wurde von den Kindern mit einer ausgeprägten Leibhaftigkeit verfolgt: Sie schrien und riefen, sprangen auf, klatschten in die Hände und warnten den Protagonisten vor den für das Publikum bereits ersichtlichen Gefahren. Es wurde deutlich, wie Film die Kinder in seinen Bann ziehen kann, wie er Körper einnimmt und sie physisch in sein Universum eintauchen lässt. Das gemeinsame Sichten des Films, ohne thematische Einführung oder Rahmung, ermöglichte es, sich individuell auf den Film einzulassen, mit dem jeweils subjektiven Verständnis und der jeweils persönlichen Leibhaftigkeit. Die Sichtung zeigte, dass der Film allein Verständnis und Gefühle hervorrufen kann. Von Erstaunen über herzhaftes Lachen und mitfühlende Blicke: Der Film weckte Interesse, oder die Kinder ließen sich während der von ihnen als langweilig empfundenen Szenen ablenken. Diese Eindrücke der durch den Film hervorgerufen Emotionen stärken einmal mehr Bergalas Theorie: «Man kann jemanden zwingen zu lernen, aber nicht, sich berühren zu lassen» (Bergala 2006, 6). Der Besuch des Kinder-Medien-Festivals zeigte ganz deutlich, dass der Film die oft unterschätzte Fähigkeit hat, wortwörtlich zu berühren und somit ein Lernen fern von institutionalisiertem Lehren zu ermöglichen. Durch Bergalas Ansatz ist ein Begeistern und Fördern der Kinder parallel möglich, was auch in unserem Workshop mehr als deutlich wurde. Die Begeisterung, die ein Film auslösen kann und die damit einhergehende Möglichkeit, Wissen zu vermitteln, gilt es durch den *Passeur* herausstellen zu lassen.

Wie bereits erwähnt, führten wir im Rahmen der praktischen Arbeit innerhalb unseres Seminars zum Abschluss einen eigens konzipierten Workshop mit zehn Grundschüler_innen durch. Hierbei erwies sich besonders das filmvermittelnde Vorgehen des spanischen Vereins *A Bao A Qu* als fruchtbar: Den teilnehmenden Kindern und Jugendlichen wurden im spanischen Vorbild jeweils 30 Filmstandbilder aus Filmen der Regisseure Victor Erice und Abbas Kiarostami vorgelegt. Aus diesen Bildern sollten sie in kleinen Gruppen fünf Bilder auswählen und sich dazu eine Geschichte überlegen, die sie später vor laufender Kamera erzählten (vgl. Aidelman/Colell 2010, 102). Im ersten Teil unseres Workshops wurden den Kindern nach diesem Prinzip fünf Bilder aus dem Kurzfilm HENRY (USA 2013) von Daniel Levi zur Verfügung gestellt. Diese fünf Bilder konnten die Kinder frei anordnen und sich dazu ihre eigene Geschichte ausdenken. Dies wurde sehr gut angenommen und führte zu fantasiereichen Ergebnissen.

Dieses Vorgehen sollte unser Anliegen unterstützen, die filmische Begeisterung für die Vertiefung medialer Erfahrbarkeit und für die eigenständige Umsetzung zu nutzen. Nachdem die teilnehmenden Kinder im Alter von sechs bis acht Jahren einen ersten Eindruck durch spielerisches Ausprobieren für Kamera und Montage bekamen, trugen sie im zweiten Teil der Filmwerkstatt selbst aktiv zum Prozess der Entwicklung eines Films bei. In drei Kleingruppen, drehten jeweils drei bis vier Personen selbständig einen Film. Wir gaben Impulse für Ideen, an denen sie sich orientieren konnten, doch generell galt es, die Kinder nicht in ihrem Handeln zu beeinflussen. Darüber hinaus gaben wir ihnen einige Requisiten zur Hand und stellten die elementare Technik wie Kamera, Stativ und Tonangel zur Verfügung. In unserem Selbstverständnis als *Passeurs* unterstützten wir sie entweder vor oder hinter der Kamera, wie auch immer dies gewünscht war. Besonders interessant war es zu beobachten, wie die Kinder sich gegenseitig motivierten und manch anfängliche Scheu vor der Kamera schnell überwanden. Nach den ersten technisch überdimensionierten Vorstellungen, was alles gedreht werden könnte, machte das Ergebnis die Kinder mehr als stolz. Entstanden sind drei Ein- bis Zweiminüter über Hexen, Zauberer und Fabelwesen, in denen sich die Fantasie der Kinder sowie gleichzeitig ein Verständnis für die Zauberei im Film widerspiegeln.

Ein Ausblick – Leidenschaft und Begeisterung für und durch Film

Anhand des Workshops konnten zahlreiche im Modul angesprochene Konzepte und Gedanken zur Filmvermittlung beziehungsweise -bildung erprobt werden. Die zu Beginn geschilderte Tatsache einer kinematografischen Wahrnehmung der Umwelt, konnte bei den Kindern einerseits durch Filmsichtungen und andererseits im Workshop beobachtet werden. Für Kinder und Heranwachsende ist Film bereits Medium ihrer eigenen Realität. Gerade deshalb scheint die Vermittlung dessen, was Film bedeutet, als zwingend notwendig. Um dies adäquat umzusetzen, bedarf es eines ausgebildeten Vermittlers, der das Medium Film auch in Hinblick auf Kinder versteht. Hierzu ist ein besonderes Verständnis von Film sowie Bildung und Vermittlung nötig, das weit über bloße Filmvermittlung, Filmtheorie und Filmtechnik hinausgeht. Den Kindern muss vielmehr eine gewisse Freiheit zur Entfaltung von Kreativität und Begeisterung gelassen werden. Gleichermaßen ist es wichtig, sie auf diesem Weg unterstützend zu begleiten, sei es durch anregende Impulse, Hilfestellungen oder weiterführende Denkanstöße. Die Kinder müssen sich entfalten können, ohne dabei allein gelassen zu werden. Das Konzept des *passeur* nach Bergala könnte als Antwort auf die anfangs gestellte Frage dienen: «Kann eine Institution wie das Schulsystem der Kunst (und dem Kino) als Alterität Rechnung tragen?» (Bergala 2006, 31).

Die Annahme, dass Bildung gleichermaßen Freude an der Auseinandersetzung mit theoretischen Konzepten als auch an praktischen Lehr- und Lernmethoden in der Gruppe bedeutet, erwies sich sowohl im Workshop als auch im gesamten Modulverlauf als zutreffend. Gerade in Bezug auf Filmbildung lassen sich Theorie und Praxis zu einem umfassenden Lehr- und Lernkonzept verknüpfen, in dem Produktion und Rezeption Hand in Hand gehen. Es geht hierbei nicht um das Erreichen eines bestimmten Ergebnisses oder das Erfüllen eines vorgegebenen Konzepts, sondern um einen individuellen Zugang zum Medium Film. Die vorgestellten Beispiele zeigen, dass dieser auf unterschiedlichste Weise vermittelt werden kann. Ausschlaggebend sind die Leidenschaft und die Begeisterung für den Film, die bei Kindern durch Sensibilisierung geweckt werden kann.

Die Thematik der Filmbildung – vor allem an deutschen Schulen – und die Herangehensweise an dieses Thema ist verhältnismäßig neu im pädagogischen Bildungskanon. Die bisherige Handhabung des Mediums Film, vor allem als Vermittler von Inhalten, sollte demnach sowohl in der Theorie als auch praxisbezogen überdacht und angepasst werden. Film sollte nicht der bloßen Botschaftsübermittlung dienen, sondern ebenfalls als eigenständiges Medium besprochen werden. Ein Ziel für die Zukunft ist demnach, Film nicht mehr nur als bloßes Mittel zum Zweck zu verstehen, sondern das Erleben durch den Film und anhand des Films zu ermöglichen. Den Kindern soll die Freude an und mit dem Film gegeben werden, was unter anderem eine freiere Handhabung und keine Instrumentalisierung dieses Mediums notwendig macht. Auch die Tatsache, dass Filmbildung und -vermittlung keiner filmspezifischen und umfangreichen Mittel bedarf, um fruchtbar zu sein, ist eine wesentliche Erkenntnis dieses Projekts. Gelingt es, in der Rolle des *Passeur* allein die Leidenschaft auf die Kinder zu übertragen, ist der Weg hin zu einem erfolgreichen Zugang zum Medium Film bereits geebnet.

Der Schwerpunkt des Moduls lag auf der Filmbildung von Kindern. Dank ihrer freien und unvoreingenommenen Haltung gegenüber dem Film stehen sie kreativen Filmvermittlungs- und Filmbildungsmethoden weitestgehend offen gegenüber. Auch für uns war es eine neue wie positive Erfahrung, uns diesem Ansatz zu öffnen. Aus diesem Grund wäre es wünschenswert, ebenso im Bereich der Erwachsenenbildung vermehrt Elemente der Filmbildung und -vermittlung integriert zu wissen.

Literatur

Adorno, Theodor W. (1995) Theorie der Halbbildung. In: *Soziologische Schriften 1*, hg. v. Rolf Tiedemann, Frankfurt am Main: Suhrkamp, S. 93–121.

Aidelman, Nuria/Colell, Laia (2010) Zum pädagogischen Potenzial kreativer Filmarbeit. Das spanische Schulfilmprojekt Cinema en curs. In: Henzler, Bettina/Pauleit, Winfried/Rüffert, Christine/Schmid, Karl-Heinz/Tews, Alfred (Hg.) *Vom Kino lernen. Internationale Perspektiven der Filmvermittlung*, Berlin: Bertz und Fischer, S. 101–109.

Bergala, Alain (2006) *Kino als Kunst. Filmvermittlung an der Schule und anderswo*, Marburg: Schüren.

Bourgeois, Nathalie (2010) Wie die Cinémathèque française Kinder in die Filmkunst einführt. In: Henzler, Bettina/Pauleit, Winfried/Rüffert, Christine/Schmid, Karl-Heinz/Tews, Alfred (Hg.) *Vom Kino lernen. Internationale Perspektiven der Filmvermittlung*, Berlin: Bertz und Fischer, S. 89–100.

Hagener, Malte (2011) Wo ist Film (heute)? Film/Kino im Zeitalter der Medienimmanenz. In: Sommer, Gudrun/Hediger, Vinzenz/Fahle, Oliver (Hg.) *Orte filmischen Wissens. Filmkultur und Filmvermittlung im Zeitalter digitaler Netzwerke*, Marburg: Schüren, S. 45–59.

Henzler, Bettina (2009a) Von der Pädagogik audiovisueller Medien zur Vermittlung des Kinos als Kunstform. Alain Bergalas Konzepte und Methoden der Filmvermittlung. In: Henzler, Bettina/Pauleit, Winfried (Hg.) *Filme sehen, Kino verstehen. Methoden der Filmvermittlung*, Marburg: Schüren, S. 10–32.

– (2009b) ich du er sie es. Intersubjektivität in der Filmvermittlung. In: Henzler, Bettina/Pauleit, Winfried/Rüffert, Christine/Schmid, Karl-Heinz/Tews, Alfred (Hg.) *Vom Kino lernen. Internationale Perspektiven der Filmvermittlung*, Berlin: Bertz und Fischer, S. 66–77.

– /Bergala, Alain (2011) «Il les conduit ailleurs.» Gespräch mit Alain Bergala zu Cinéphilie, Wissenschaft und Pädagogik. In: Sommer, Gudrun/Hediger, Vinzenz/Fahle, Oliver (Hg.) *Orte filmischen Wissens. Filmkultur und Filmvermittlung im Zeitalter digitaler Netzwerke*, Marburg: Schüren, S. 161–175.

Horkheimer, Max (1985) Begriffe der Bildung. In: *Gesammelte Schriften*, Bd. 8, Frankfurt am Main: Fischer, S. 409–419.

Humboldt, Wilhelm von (1993 [1797]) Über den Geist der Menschheit. In: *Werke in fünf Bänden – Schriften zur Anthropologie und Geschichte*. Hg. v. Andreas Filtner & Klaus Giel. Stuttgart: J.G. Cotta'sche Buchhandlung, S. 506–518.

Middel, Reinhard (2011): Filmbildung in Deutschland, http://tinyurl.com/nfk5xv6 (www.bpb.de), 21.11.2013.

Rippel, Nina/Zahn, Manuel (2010) Die KurzFilmSchule. Ein Projekt künstlerischer Filmvermittlung an Hamburger Schulen. In: Henzler, Bettina/Pauleit, Winfried/Rüffert, Christine/Schmid, Karl-Heinz/Tews, Alfred (Hg.) *Vom Kino lernen. Internationale Perspektiven der Filmvermittlung*, Berlin: Bertz und Fischer, S. 110–120.

Wegner, Wenke (2010) Berliner Schule. Zur Lehrkraft des Kinos in PLÄTZE IN STÄDTEN und DIE INNERE SICHERHEIT. In: Henzler, Bettina/Pauleit, Winfried/Rüffert, Christine/Schmid, Karl-Heinz/Tews, Alfred (Hg.) *Vom Kino lernen. Internationale Perspektiven der Filmvermittlung*, Berlin: Bertz und Fischer, S. 149–159.

Wimmer, Michael (2010) Lehren und Bildung. Anmerkungen zu einem problematischen Verhältnis. In: Pazzini, Karl-Josef/Schuller, Marianne/Wimmer, Michael (Hg.) *Lehren bildet? Vom Rätsel unserer Lehranstalten*, Bielefeld: transcript, S. 13–38.

Zobl, Stefanie (2009): Filmbildung in Deutschland im internationalen Vergleich, http://tinyurl.com/qycj27y (www.goethe.de), 21.11.2013.

Die Autorinnen und Autoren

Constanze Balugdzic, BA, Master-Studentin an der Fakultät Medien der Bauhaus-Universität Weimar, Studium der Medienkultur an der Bauhaus-Universität Weimar, Abschluss 2013. Abgeschlossene Ausbildung zur Industriekauffrau. Aktuelle Beschäftigung als Assistentin der Aufnahmeleitung.

Anna-Helen Brendler, BA, Master-Studentin im 3. Fachsemester im Studiengang Kulturwissenschaftliche Medienforschung an der Bauhaus-Universität Weimar. 2008–2011 Bachelor-Studium der Medien- und Kommunikationswissenschaft sowie Anglistik an der Universität Erfurt. Publikation: Anna-Helen Brendler, Sven Jöckel, Filia Niemann, Sophie Peter, Helen Schneider, Hannah Stiebeling, Tanja Weber: Die Rolle der Individual- und Massenmedien im Integrationsprozess von Jugendlichen mit Migrationshintergrund. In: *Publizistik*, 2013/2, Band 58, 161–178.

Lena Eckert, Dr. phil., seit 2010 wissenschaftliche Mitarbeiterin an der Fakultät Medien der Bauhaus-Universität Weimar. Studium der Gender Studies, der Gender History und der Neueren deutschen Literatur an der Humboldt Universität zu Berlin und der Essex University (GB). 2010 Promotion an den Universitäten Leeds (GB) und Utrecht (NL). Derzeit forscht sie zur Affektiven Rationalität und den Konzepten von Affekt, Anerkennung und Atmosphäre. Sie ist u.A. Autorin von «Das Konzept des Lehrens mit Epistemologie zur Vermittlung von Gender als Querschnittsthema in der Hochschullehre. Ein lernendes Projekt.» In: *Freiburger Zeitschrift für GeschlechterStudien* 20 (1), 2014, und Abdrücke, Cut-outs, mit Maja Linke, in: *Feministische Studien* (2) 2012.

Anne Heimerl, BA, Master-Studentin der kulturwissenschaftlichen Medienforschung an der Bauhaus-Universität Weimar. Binationales Bachelor-Studium der Europäischen Medienkultur an der Université Lumière Lyon II und der Bauhaus-Universität Weimar mit einer Abschlussarbeit zu Couchsurfing. Aktuelle Forschung: Filmvermittlung und -bildung mit Schwerpunkt Italien.

Bettina Henzler, Dr. phil., ist seit 2006 wissenschaftliche Mitarbeiterin der Universität Bremen, Institut für Kunstwissenschaft und Kunstpädagogik. Seit 1998 arbeitet sie freiberuflich im Bereich Film und Vermittlung, als Referentin und Autorin, sowie als Leiterin und konzeptionelle Beraterin von Filmbildungsprojekten, wie aktuell *Le cinéma cent ans de jeunesse – Jugend filmt!* in Zusammenarbeit mit der Deutschen Kinemathek und der Cinémathèque française. Publikationen: *Filmäs-*

thetik und Vermittlung. Zu Alain Bergalas Ansatz – Kontexte, Theorie und Praxis (2013), zus. mit Winfried Pauleit (Hg.): *Vom Kino lernen. Internationale Perspektiven der Filmvermittlung* (2010), *Filme sehen, Kino verstehen. Methoden der Filmvermittlung* (2008), zus. mit Manuel Zahn und Winfried Pauleit (Hg.): *Filmvermittlung* (nachdemfilm.de Nr. 13, 2013).

Judith Klein, BA, Studium der Germanistik, vergleichenden Literatur- und Kulturwissenschaft an der Rheinischen Friedrich-Wilhelms-Universität Bonn und der Université de Paris-Sorbonne (Paris IV). Seit 2012 Master-Studium der Kulturwissenschaftlichen Medienforschung an der Bauhaus-Universität Weimar.

Janna Lihl, B.Sc., Studentin der Kulturwissenschaftlichen Medienforschung (M.A.) an der Bauhaus-Universität Weimar. Zuvor Studium Communication and Multimedia Design an der FH Aachen sowie der Hogeschool Zuyd Maastricht. Publikationen (Auswahl): In Filmen und von Filmen leben In: *Kinoheft* Nr. 8, 2013; Bodenständige Küche. In: *Mediendenken – Der medienwissenschaftliche Blog der Bauhaus-Universität Weimar*. (2013, ISSN: 2196–2677)

Silke Martin, Dr. phil., wissenschaftliche Mitarbeiterin an der Fakultät Medien der Bauhaus-Universität Weimar. Studium der Medienkultur an der Bauhaus-Universität Weimar, Promotion 2009. Forschungsschwerpunkte: Medien- und Filmphilosophie, Theorie, Geschichte und Ästhetik des Films, Sound Studies, Ageing Studies. Publikationen (Auswahl): *Die Sichtbarkeit des Tons im Film – Akustische Modernisierungen des Films seit den 1920er-Jahren*, Marburg, 2010; Über das Hören im Kino – eine Einführung in die Tonanalyse des Films, In: Franz Grafl/Martina Lassacher (Hrsg.): *Kino erleben und begreifen. Filmanalyse mit Kindern und Jugendlichen*, Facultas Verlag, Wien, 2013.

Lisa Meier, Bachelorstudium der Europäischen Medienkultur an der Bauhaus-Universität Weimar und der Université Lumière Lyon II.

Volker Pantenburg ist Juniorprofessor für Bildtheorie mit dem Schwerpunkt Bewegtbildforschung an der Bauhaus-Universität Weimar. Zwischen 2010 und 2013 war er Juniordirektor des IKKM Weimar und leitete dort das Promotionsprogramm zur «Theorie und Geschichte kinematographischer Objekte». Buchpublikationen unter anderem: *Film als Theorie. Bildforschung bei Harun Farocki und Jean-Luc Godard* (2006), *Ränder des Kinos. Godard – Wiseman – Benning – Costa* (2010) und *Screen Dynamics. Mapping the Borders of Cinema* (Mitherausgeber, 2012). Mit-Initiator des Projekts «Kunst der Vermittlung. Aus den Archiven des Filmvermittelnden Films» (2008–2009).

Die Autorinnen und Autoren

Winfried Pauleit, Professor an der Universität Bremen mit den Arbeitsschwerpunkten Filmwissenschaft, Medienwissenschaft und Filmvermittlung. Publikationen: *Filmstandbilder. Passagen zwischen Kunst und Kino* (2004); *Das ABC des Kinos. Foto, Film, Neue Medien* (2009, www.abc-des-kinos.de) und *Reading Film Stills. Analyzing Film and Media Culture* (erscheint 2014). Er ist wissenschaftlicher Leiter des Internationalen Bremer Symposiums zum Film und Mitherausgeber der Schriftenreihe/e-book-Reihe des Symposiums: «Wort und Fleisch. Kino zwischen Text und Körper» (2008), «Das Kino träumt. Projektion, Imagination, Vision» (2009), «Vom Kino lernen. Internationale Perspektiven der Filmvermittlung» (2010), «Public Enemies. Film zwischen Identitätsbildung und Kontrolle» (2011), «Der Film und das Tier. Klassifikationen, Cinephilien, Philosophien» (2012).

Stefanie Schlüter, freie Filmvermittlerin und ausgebildete Gymnasiallehrerin, konzipiert seit 2007 Filmvermittlungsveranstaltungen und -workshops. Ihre Schwerpunkte liegen bei Fragen der ästhetischen Erfahrung ebenso wie bei der Verzahnung von Filmrezeption und filmischer Praxis. In ihre Vermittlungsarbeit bezieht sie insbesondere kurze filmische Formate ein, reflektiert sowohl analoge als auch digitale Medien und zeigt Kindern ungewöhnliche Filme wie Avantgarde-, Experimentalfilme und Videokunst. Ihre im Schnittfeld von Film, Kunst und Theorie angesiedelte Arbeit führt sie im Kino und Filmarchiv, Museum, in der Schule und Hochschule sowie auf Filmfestivals durch. www.filmvermittlung.de

Jane Sichting, B.A., Masterstudium der Kulturwissenschaftlichen Medienforschung an der Bauhaus-Universität Weimar. Bachelor of Arts 2012 an der Universität Passau.

Katharina Spiel, B.A., B.Sc., Studentin in Master Computer Science and Media an der Fakultät Medien der Bauhaus-Universität Weimar. Zuvor Studium der Medienkultur und der Mediensysteme, ebenfalls an der Bauhaus-Universität. Aktuelle Forschung: Immersion digitaler Spiele mit psycho-phsyischer Adaption. Abschlussarbeiten: «Run Man Run! – Geschlechtsidentitäten im Italowestern» und «Out of Sight – Navigation and Immersion of Blind Players in Text Based Games».

Wenke Wegner, Dr. des., 1978 in Berlin geboren, in Oldenburg aufgewachsen. Studium der Europäischen Medienkultur in Lyon und Weimar. 2004 Diplom («Körpersinn und Filmkritik – Zur Produktion eines neuen Wissens in den Texten von Frieda Grafe, 1961–2002»). Mitarbeit bei verschiedenen internationalen Filmfestivals. Filmvermittlung u.a. im Auftrag des Arsenals – Institut für Film und Videokunst und der Stiftung Deutsche Kinemathek. 2012 Promotion an der Universität Bremen («Berliner Schule, Filmästhetik und Vermittlung», erscheint 2014 im Schüren Verlag). Lebt als Autorin mit fünfköpfiger Familie bei Berlin und engagiert sich im Vorstand eines genossenschaftlichen Wohnprojekts.

Manuel Zahn, Dr., ist Wissenschaftlicher Mitarbeiter im Arbeitsbereich Ästhetische Bildung an der Fakultät für Erziehungswissenschaft der Universität Hamburg. Seine Arbeitsschwerpunkte sind die Erziehungs- und Bildungsphilosophie, Medienphilosophie und Ästhetik, die Visuelle Bildung, insbesondere Film-Bildung, die Psychoanalyse und die Kunstpädagogik. Derzeit arbeitet er an einem Forschungsprojekt über Pädagogiken des Films. Letzte Veröffentlichung: *Ästhetische Film-Bildung. Studien zur Medialität und Materialität filmischer Bildungsprozesse* (Theorie bilden). Bielefeld: Transcript 2012. Für mehr Informationen siehe auch: http://blogs.epb.uni-hamburg.de/zahn/.

Bremer Schriften zur Filmvermittlung

Bettina Henzler/Winfried Pauleit (Hg.)
Filme sehen, Kino verstehen
Methoden der Filmvermittlung
240 S., Pb., 100 Abb.,€ 19,90
ISBN 978-3-89472-538-9

Mit welchen Ansätzen und Methoden kann Film vermittelt werden? Welche Filme und Medien bieten sich dafür an? Welche Rolle kommt Institutionen wie dem Filmmuseum zu? Wie tragen Filme zur Persönlichkeitsbildung bei? Und inwiefern ist Film selbst eine Vermittlungsinstanz?

Bettina Henzler
Filmästhetik und Vermittlung
Zum Ansatz von Alain Bergala:
Kontexte, Theorie und Praxis
448 S., Pb.,einige tw farb. Abb., € 38,00
ISBN 978-3-89472-758-1

Dieses Buch widmet sich dem filmpädagogischen Ansatz des Filmwissenschaftlers und Autors Alain Bergala. Bergala ist ein prominenter Vertreter der französischen Cinephilie, die eine vielfältige Praxis der Vermittlung von Film als Kunstform hervorgebracht hat.

Wenke Wegner
Berliner Schule. Filmästhetik und Vermittlung
300 S., einige tw. farbige Abb., Pb. € 34,00
ISBN 978-3-89472-893-9
Erscheint im September 2014

Wegner blickt aus einer speziellen Perspektive auf den Korpus jüngerer deutscher Filme, die von der Filmkritik 2001 unter dem Label *Berliner Schule* gebündelt wurden. Wegners Ansatz besteht darin, ästhetische und pädagogische Dimensionen des Films zusammenzudenken.

www.schueren-verlag.de